Exercícios de Matemática

Caderno de Atividades
9º ano

Ensino Fundamental II

5ª Edição

Álvaro Zimmermann Aranha
Manoel Benedito Rodrigues

Editora Policarpo

São Paulo
2023

Digitação, Diagramação : Sueli Cardoso dos Santos - suly.santos@gmail.com
Elizabeth Miranda da Silva - elizabeth.ms2015@gmail.com

Capa: Lisie De Luca - lisiedelucca@gmail.com - www.flickr.com/lisiedeluca

Licenciados em Matemática pela Faculdade de Filosofia , Ciências e Letras de Moema
Os autores são (ou foram) professores ou coordenadores ou consultores de Matemática de algumas das mais importantes escolas de São Paulo tais como Colégio Visconde de Porto Seguro, Colégio Uirapuru, Colégio Liceu Jardim, Colégio Vértice, Colégio Bandeirantes, Colégio Móbile.
São também autores da Coleção Exercícios de Matemática (Ensino Médio) e da série Matemática nos Vestibulares (Vol.1 até Vol. 5), da Editora Policarpo.

Dados Internacionais de Catalogação, na Publicação (CIP)

(Câmara Brasileira do Livro, SP, Brasil)

Aranha, Álvaro Zimmermann. Rodrigues, Manoel Benedito.
Matématica / Álvaro Zimmermann, Manoel Benedito Rodrigues.
- São Paulo: Editora Policarpo, **5ª Ed. - 2023**
ISBN: 978-65-88667-22-4
1. Matemática 2. Ensino fundamental
I. Aranha, Álvaro Zimmermann II. Rodrigues, Manoel Benedito
III. Exercícios de Matemática 8º ano - Caderno de Atividades - EFII.

Índices para catálogo sistemático:

site: http://editorapolicarpo.com.br

EDITORA POLICARPO LTDA

Rua: Dr. Rafael de Barros, 175 – Conj. 01

São Paulo – SP – CEP: 04003 – 041

Tels.: (11) 3288 – 0895 / (11) 3284 – 8916

e – mail: contato@editorapolicarpo.com.br

APRESENTAÇÃO

Exercícios de Matemática para o Ensino Fundamental II é um Caderno de Atividades para uso complementar ao livro-texto de Matemática adotado pelos professores.

Pretendemos desenvolver (significativamente) nos alunos, habilidades nas operações com números (naturais, inteiros, decimais, fracionários, irracionais), com o cálculo algébrico (produtos notáveis, fatoração, frações algébricas) e na resolução de equações e sistemas de equações do primeiro e segundo graus.

Nosso objetivo também é aprimorar suas habilidades na resolução de todos os tipos de problemas de Matemática inclusive aqueles relativos aos conteúdos de Geometria desenvolvidos neste nível escolar.

Uma preocupação muito importante deste Caderno é a de desenvolver a autonomia dos alunos. Sugerimos que, sempre que possível, o aluno trabalhe individualmente e verifique, autonomamente, se suas respostas estão certas (as respostas aparecem, sempre, na folha seguinte aquela que está sendo usada). Se o aluno errar a resposta do problema ou não souber continuar sua resolução, deverá pedir a ajuda do professor que o "desenroscará" da dúvida para que ele possa tentar terminar ou corrigir aquele exercício, sozinho - assim, o aluno estará aumentando sua iniciativa e sua independência intelectual.

Os itens deste Caderno foram elaborados e dispostos numa ordem crescente do grau de dificuldade, muito suave, para que o aluno consiga progredir sozinho, sempre que possível.

Os autores

ATENÇÃO: Neste caderno de atividades, os números dos exercícios são de dois tipos - os hachurados (por exemplo, o exercício 11) e os exercícios sem hachura (exercício 10, por exemplo).

Os exercícios com números sem hachura são aqueles que se espera que os alunos façam em classe ou como lição de casa (autonomamente).

Os outros, hachurados, são os **exercícios complementares**; são para os alunos praticarem mais, estudarem em vésperas de provas, etc. São, às vezes, exercícios de aprofundamento ou "desafios" que vão capacitar os alunos para enfrentarem situações-problemas inéditos.

Índice

I POTENCIAÇÃO

Alguns subconjuntos do conjunto dos números reais **(R)**.

Conjuntos dos números naturais (N)

N = {0, 1, 2, 3, 4, 5, 6, 7, 8, 9, 10, 11, ...}

Conjuntos dos naturais positivos

N* = {1, 2, 3, 4, ...} = N – {0}

(Alguns autores consideram este conjunto N* como conjunto dos naturais)

Conjunto dos números inteiros (Z)

Z = {..., – 11, – 10, – 9, ..., – 3, – 2, – 1, 0, 1, 2, 3, ..., 10, 11, ...}

Note que são inteiros

$\frac{6}{2}=3, \quad -\frac{8}{4}=-2, \quad \sqrt{25}=5, \quad -\sqrt{36}=-6, \quad \sqrt[3]{8}=2, \quad \sqrt[3]{-8}=-2$

Conjunto dos números primos

{± 2, ± 3, ± 5, ± 7, ± 11, ± 13, ± 17, ± 19, ± 23, ...}

Conjunto dos primos naturais

{2, 3, 5, 7, 11, 13, ...}

Conjunto dos números racionais (Q)

$Q = \left\{x \mid x=\frac{a}{b}, a \in Z, b \in Z^*\right\}$

Exemplos de números racionais:

Os inteiros são racionais: $7=\frac{7}{1}, \quad -3=-\frac{3}{1}$. Então: $Z \subset Q$

Os decimais exatos são racionais: $0,6=\frac{6}{10}=\frac{3}{5}$; $1,5=\frac{15}{10}=\frac{3}{2}$

Os decimais periódicos são racionais: $0,666\ldots=0,\overline{6}=\frac{6}{9}=\frac{2}{3}$

Conjunto dos números irracionais (R – Q)

$R-Q = \{x \mid x \in R \wedge x \notin Q\}$

Exemplos de números irracionais:

1) $\sqrt{2}, \sqrt{3}, \sqrt{5}, \sqrt{6}, \sqrt{7}, \sqrt{8}=2\sqrt{2}, \sqrt{10}, \sqrt{11}, \ldots$

2) $\sqrt[3]{2}, \sqrt[3]{-2}, \sqrt[3]{3}, \sqrt[3]{-3}, \ldots$

3) $\sqrt[4]{2}, \sqrt[4]{3}, \sqrt[4]{4}=\sqrt{2}, \sqrt[4]{5}, \ldots$

4) $\pi=3,14159$ ... (Não é periódico)

5) e = 2,718 ... (Número de Euler) (Não é periódico)

Potência

Definição

Para $n \in N$ e $a \in R^*$, define-se:

$$\begin{cases} a^0 = 1 \\ a^{n+1} = a^n \cdot a \end{cases}$$

Para $a = 0$ e $n \in N^*$, $0^n = 0$

Consequências da definição

$a^1 = a$

$a^n = \underbrace{a \cdot a \cdot a \cdot \ldots a}_{\text{n fatores}} \quad (n > 1)$

a^n = potência de base **a** e expoente **n**

Para $a \in R^*$ e $n \in N$, define-se: $a^{-n} = \dfrac{1}{a^n}$

Exemplos:

1) $5^0 = 1$, $5^1 = 5$, $5^2 = 5 \cdot 5 = 25$, $5^3 = 5 \cdot 5 \cdot 5 = 125$, $5 \cdot 5 \cdot 5 \cdot 5 = 625$

2) $(-147)^0 = 1$, $\left(\dfrac{2}{3}\right)^1 = \dfrac{2}{3}$, $(-3)^1 = -3$, $(-3)^2 = (-3)(-3) = 9$

3) $(-2)^3 = (-2)(-2)(-2) = -8$, $(-2)^4 = (-2)(-2)(-2)(-2) = 16$

4) $-5^2 = -(5^2) = -(5 \cdot 5) = -25$, $-7^2 = -(7 \cdot 7) = -49$, $-1^{20} = -1$, $(-1)^{20} = 1$

5) $\left(-\dfrac{2}{3}\right)^3 = \left(-\dfrac{2}{3}\right)\left(-\dfrac{2}{3}\right)\left(-\dfrac{2}{3}\right) = -\dfrac{8}{27}$, $3^{-2} = \dfrac{1}{3^2} = \dfrac{1}{9}$, $\dfrac{1}{7^{-2}} = 7^2 = 49$

6) $-3^{-2} = -(3^{-2}) = -\dfrac{1}{3^2} = -\dfrac{1}{9}$, $(-3)^{-2} = \dfrac{1}{(-3)^2} = \dfrac{1}{9}$, $(-3)^{-3} = \dfrac{1}{(-3)^3} = \dfrac{1}{-27} = -\dfrac{1}{27}$

1 Determinar as potências:

a) $7^0 =$	$8^1 =$	$2^3 =$	$5^3 =$
b) $10^3 =$	$11^2 =$	$(-8)^2 =$	$(-9)^2 =$
c) $-6^2 =$	$(-6)^2 =$	$(-1)^7 =$	$(-1)^8 =$
d) $2^{-2} =$	$3^{-2} =$	$5^{-2} =$	$2^{-3} =$
e) $\left(\dfrac{3}{4}\right)^2 =$	$\left(-\dfrac{5}{7}\right)^2 =$	$\left(\dfrac{4}{9}\right)^2 =$	$\left(-\dfrac{3}{5}\right)^3 =$
f) $(-5)^2 =$	$(-5)^3 =$	$-5^2 =$	$-5^3 =$
g) $-2^{-4} =$	$(-2)^{-4} =$	$-3^{-4} =$	$(-3)^{-4} =$

Potenciação (Propriedades)

Se os números em questão satisfazem as condições da definição, tem-se:

$a^m \cdot a^n = a^{m+n}$ $\quad$ $a^m \cdot a^n \cdot a^p = a^{m+n+p}$

$a^m : a^n = a^{m-n}$ $\quad$ $\dfrac{a^m}{a^n} = a^{m-n}$

$(a^n)^m = a^{n \cdot m}$

$(a \cdot b)^n = a^n \cdot b^n$ $\quad$ $(a \cdot b \cdot c)^n = a^n \cdot b^n \cdot c^n$

$\left(\dfrac{a}{b}\right)^n = \dfrac{a^n}{b^n}$ $\quad$ $\left(\dfrac{a}{b}\right)^{-n} = \left(\dfrac{b}{a}\right)^n$

Exemplos:

1) $5^7 \cdot 5^3 = 5^{7+3} = 5^{10}$, $\quad 5^{-8} \cdot 5^{15} = 5^{-8+15} = 5^7$, $a^6 \cdot a^{-2} = a^{6+(-2)} = a^{6-2} = a^4$

2) $7^{-3} \cdot 7^{-4} = 7^{-3+(-4)} = 7^{-3-4} = 7^{-7} = \dfrac{1}{7^7}$, $\quad a^5 \cdot a^{-7} = a^{5+(-7)} = a^{-2} = \dfrac{1}{a^2}$

3) $5^7 : 5^2 = 5^{7-2} = 5^5$, $\quad a^6 : a^{-2} = a^{6-(-2)} = a^8$, $x^{-5} : x^{-8} = x^{-5-(-8)} = x^3$

4) $(5^3)^7 = 5^{3 \cdot 7} = 5^{21}$, $\quad (a^3b^4)^2 = (a^3)^2 \cdot (b^4)^2 = a^6 \cdot b^8$

5) $\left(\dfrac{a^2}{b^3}\right)^5 = \dfrac{(a^2)^5}{(b^3)^5} = \dfrac{a^{10}}{b^{15}}$, $\quad \left(\dfrac{3}{2}\right)^{-4} = \left(\dfrac{2}{3}\right)^4 = \dfrac{16}{81}$, $\left(-\dfrac{19}{11}\right)^{-2} = \left(-\dfrac{11}{19}\right)^2 = \dfrac{121}{361}$

6) $(a^4)^2 = a^{4 \cdot 2} = a^8$, $\quad (a^2)^5 = a^{2 \cdot 5} = a^{10}$, $[(a^3)^2]^5 = a^{3 \cdot 2 \cdot 5} = a^{30}$

7) $a^{4^2} = a^{(4^2)} = a^{16}$, $\quad a^{2^5} = a^{(2^5)} = a^{32}$

8) $(0,3)^2 = 0,09$, $\quad (-0,5)^4 = 0,0625$

9) $\left(-\dfrac{3}{5}\right)^{-3} = \left(-\dfrac{5}{3}\right)^3 = \left(-\dfrac{5}{3}\right)\left(-\dfrac{5}{3}\right)\left(-\dfrac{5}{3}\right) = -\dfrac{125}{27}$, $\left(\dfrac{b^{-2}}{a^{-1}}\right)^{2^3} = \left(\dfrac{a}{b^2}\right)^{(2^3)} = \left(\dfrac{a}{b^2}\right)^8 = \dfrac{a^8}{b^{16}}$

10º) $(-3a^2b^3)(-2a^3b) = 6a^5b^4$, $\quad (-2a^2b)(-3ab^3)(4a^2b^5) = 24a^5b^9$

11º) $(-12a^5b^3c) : (-3a^2bc) = 4a^3b^2$, $\quad (-51a^7b^5c) : (3a^2b^{-1}) = -17a^5b^6c$

12º) $3a^2b\,(2a^3 - 3a^2b + ab^2) = 6a^5b - 9a^4b^2 + 3a^3b^3$

2 De acordo com as propriedades, simplificar as expressões:

a) $5^5 \cdot 5^3 =$ | $a^3 \cdot a^7 \cdot a =$ | $a \cdot a^3 \cdot a^5 =$

b) $a^{-1} \cdot a^7 =$ | $a^{-3} \cdot a^{-4}$ | $a^9 \cdot a^{-2}$

c) $a^7 : a^2 =$ | $a^2 : a^7 =$ | $a^{-5} : a^2 =$

d) $a^5 : a^{-2} =$ | $a^{-5} : a^{-2} =$ | $a^{-2} : a^{-5} =$

e) $(a^9 : a^2) : a^3$ | $a^{12} : (a^3 : a^{-2})$ | $a^{-2} : (a^3 : a^9)$

f) $(a^{10} \cdot a^{-3}) : a^{-2}$ | $(a^{-5} \cdot a^6) : a^{-4}$ | $a^{-9} : (a^7 : a^{-2})$

3 Simplificar:

a) $(a^3)^4 =$ | $(a^{-2})^{-4} =$ | $((a^2)^3)^4 =$

b) $(a^2 \cdot b^3)^4 =$ | $(a^3 \cdot b^{-2})^3 =$ | $(a^{-5} \cdot b^6)^2 =$

c) $\left(\frac{a^2}{b^3}\right)^4 =$ | $\left(\frac{a^3}{b^2}\right)^{-2} =$ | $\left(\frac{a^{-3}}{b^{-2}}\right)^2 =$

d) $(a^5)^2 =$ | $a^{5^2} =$ | $a^{2^5} =$

e) $a^{4^2} : (a^4)^2 =$ | $a^{3^4} : a^{4^3} =$ | $(a^5)^3 : a^{5^3} =$

4 Simplifcar as expressões:

a) $2a^2(3a^3b)(4ab^2)$

b) $-2a^3b^2c(-3a^2b^2c^3)(abc)$

c) $(16a^7b^5) : (2a^5b)$

d) $-81a^{-5}b^3 : (-27a^{-7}b^{-2})$

e) $(48a^5b^2) : (16a^2b)$

f) $(-81a^6b^3c) : (-27a^5b^2c)$

g) $3ab(2a^2b - 3ab^2)$

h) $(12x^6y^4 - 18x^5y^3) : (6x^3y)$

i) $[a^3b^4c^5 : (a^2b^3)] : (a^{-2}b^{-1}c)$

j) $(a^{-3}b^5) : [a^{-3}bc : (ab^2c^3)]$

5 Decompor em fatores primos e dar a resposta na forma de potências cujas bases são primos:

a) 180

b) 900

c) 1080

d) 392

6 Escrever como potências cujas bases são primos:

a) $(2^5 \cdot 3^2)^2 \cdot (2^3 \cdot 3^4)^3 =$

b) $(2^{-3} \cdot 3^{-2}) \cdot (2^4 \cdot 3^3)^3 =$

c) $(4 \cdot 9 \cdot 25)^2 (49)^3 =$

d) $4^2 \cdot 8^3 \cdot 16^2 \cdot 32^3 =$

e) $(4^2 \cdot 9^3)^2 : (81^3 \cdot 8^2)^4 =$

f) $\dfrac{125^{-3} : 27^{-2}}{25^6 : 81^3} =$

g) $10^2 \cdot 100^3 \cdot 1000^4 \cdot 10000^5$

h) $(343^2 \cdot 243^3) : (49^{-2} \cdot 81^{-3})$

i) $[(128)^{-3} \cdot (1024)^3] : 256^{-3}$

j) $(625^3 \cdot 27^{-3}) : (25^{-3} : 81^{-2})$

Resp: **1** a) 1, 8, 8, 125 b) 100, 121, 64, 81 c) – 36, 36, – 1, 1, d) $\frac{1}{4}, \frac{1}{9}, \frac{1}{25}, \frac{1}{8}$ e) $\frac{9}{16}, \frac{25}{49}, \frac{16}{81}, -\frac{27}{125}$

f) 25, – 125, – 25, – 125 g) $-\frac{1}{16}, \frac{1}{16}, -\frac{1}{81}, \frac{1}{81}$

7 Determinar:

a) $0,0042 \cdot 1000 =$ | $0,0327 \cdot 100 =$

b) $0,00123 \cdot 10000 =$ | $0,00043 \cdot 100000 =$

c) $372,4 \div 100 =$ | $5200 \div 1000 =$

d) $3,2 \div 1000 =$ | $0,13 \div 10 =$

---

8 Escrever na forma de potência de base 10:

a) $100 =$ | $1000 =$ | $1 =$

b) $10000 =$ | $100000 =$ | $1000\,000 =$

---

9 Escrever na forma de potência de base 10:

a) $\frac{1}{10^2} =$ | $\frac{1}{10^5} =$ | $\frac{1}{10} =$

b) $\frac{1}{10^{-3}} =$ | $\frac{1}{10^{-1}} =$ | $\frac{1}{10^{-8}} =$

c) $\frac{1}{100} =$ | $\frac{1}{1000} =$ | $\frac{1}{10000} =$

d) $0,001 =$ | $0,01 =$ | $0,1 =$

---

10 Escrever na forma de potência de base 10:

a) $\frac{1}{0,001} =$ | $\frac{1}{0,01} =$

b) $\frac{1}{0,0001} =$ | $\frac{1}{0,1} =$

---

11 Escrever como potência de base 10:

a) $\left(\frac{10^{12} \cdot 15^7}{25^7 \cdot 6^7}\right)^2$

11 b) $\left[\left(\dfrac{-8^4 \cdot 32^2}{2^2 \cdot 4^{10}}\right)^3\right]^{2^2}$

---

c) $\dfrac{(10^{-5} : 2^{-4})^2 : (5^{-3} : 10^{-2})^3}{\left[(-2)^{-3} \cdot (-10)^2\right] : 5^2}$

Resp:

2 a) $5^8, a^{11}, a^9$ b) a^6, a^{-7}, a^7 c) a^5, a^{-5}, a^{-7} d) a^7, a^{-3}, a^3 e) a^4, a^7, a^4 f) a^9, a^5, a^{-18}

3 a) a^{12}, a^8, a^{24} b) $a^8 \cdot b^{12}, a^9 \cdot b^{-6}, a^{-10} \cdot b^{12}$ c) $\dfrac{a^8}{b^{12}} = a^8 \cdot b^{-12}$, $\dfrac{b^4}{a^6} = b^4 \cdot a^{-6}$, $\dfrac{b^4}{a^6} = b^4 \cdot a^{-6}$ d) a^{10}, a^{25}, a^{32} e) a^8, a^{17}, a^{-110}

4 a) $24a^6b^3$ b) $6a^6b^5c^5$ c) $8a^2b^4$ d) $3a^2b^5$ e) $3a^3b$ f) $3ab$ g) $6a^3b^2 - 9a^2b^3$ h) $2x^3y^3 - 3x^2y^2$ i) $a^3b^2c^4$ j) ab^6c^2

5 a) $2^2 \cdot 3^2 \cdot 5$ b) $2^2 \cdot 3^2 \cdot 5^2$ c) $2^3 \cdot 3^3 \cdot 5$ d) $2^3 \cdot 7^2$

6 a) $2^{19} \cdot 3^{16}$ b) $2^9 \cdot 3^7$ c) $2^4 \cdot 3^4 \cdot 5^4 \cdot 7^6$ d) 2^{36} e) $2^{-16} \cdot 3^{-36}$ f) $3^{18} \cdot 5^{-21}$ g) $2^{40} \cdot 5^{40}$ h) $3^{27} \cdot 7^{10}$ i) 233 j) $3^{-17} \cdot 5^{18}$

11 d) $\dfrac{100^3 \cdot (-0,1)^{-3} \cdot (-0,001)^{-4} \cdot [-(-1000)^3]}{-0,01^6 \cdot (-10000)^{-5}}$

---

e) $\left[10^4 (0,01)^{-3} \cdot \left(\dfrac{1}{0,01}\right)^{-8} \cdot \dfrac{0,01}{10^{-5}}\right] \div \left[\dfrac{10^{-5}}{0,0001} \cdot \left(\dfrac{0,01}{10^{-3}}\right)^{-4}\right]$

12 Multiplicar por uma potência de base 10, tornando a sentença verdadeira, nos casos:

a) $50000 = 5 \cdot$	$1200 = 1,2 \cdot$
b) $0,0007 = 7 \cdot$	$0,0345 = 3,45 \cdot$
c) $0,00632 = 6,32 \cdot$	$6320000 = 6,32 \cdot$
d) $1250000 = 1,25 \cdot$	$0,00125 = 1,25 \cdot$

13 Escrever na forma de multiplicação de um número inteiro não múltiplo de 10 por uma potência de base 10 o número dado, nos casos:

a) $500000 =$	$630000000 =$
b) $0,000021 =$	$0,001035 =$
c) $305000 =$	$21000000 =$
d) $0,001052 =$	$0,0000103 =$
e) $0,0007 \cdot 10^{8} =$	$0,0071 \cdot 10^{-5} =$
f) $130000 \cdot 10^{20} =$	$120000 \cdot 10^{-8} =$

14 Escrever como multiplicação de um número, com um número não nulo de apenas um algarismo à esquerda da vírgula, por uma potência de base 10, o número dado, nos casos:

a) $234000 =$	$314000000000 =$
b) $0,000000347 =$	$0,000000000125 =$
c) $345000 \cdot 10^{7} =$	$61234000000 \cdot 10^{-5} =$
d) $0,000000002 \cdot 10^{12} =$	$0,00000013 \cdot 10^{-6} =$
e) $51200000 \cdot 10^{-20} =$	$0,000000122 \cdot 10^{12} =$
f) $113\,000000 : 10^{5} =$	$278000000000 : 10^{-4} =$
g) $0,00000000314 : 10^{6} =$	$0,0000000027 : 10^{-20} =$

Resp: **7** a) 4,2 ; 3, 27 b) 12,3 ; 43 c) 3,724 ; 5,2 d) 0,0032 ; 0,013 **8** a) 10^{2}, 10^{3}, 10^{0} b) 10^{4}, 10^{5}, 10^{6}

9 a) 10^{-2}, 10^{-5}, 10^{-1} b) 10^{3}, 10, 10^{8} c) 10^{-2}, 10^{-3}, 10^{-4} d) 10^{-3}, 10^{-2}, 10^{-1} **10** a) 10^{3}, 10^{2} b) 10^{4}, 10

11 a) 10^{10} b) 1 c) -10^{-7}

II RADICIAÇÃO

Definição

1º caso

n é natural ímpar e **a** e **b** são reais quaisquer.

$$b^n = a \Leftrightarrow \sqrt[n]{a} = b$$

2º caso

n é natural par positivo e **a** e **b** são reais não negativos.

$$b^n = a \Leftrightarrow \sqrt[n]{a} = b$$

Consequências da definição

1) $\sqrt[1]{a} = a$

2) Para **n** ímpar: $\sqrt[n]{a^n} = a$

3) Para **n** par positivo: $\sqrt[n]{a^n} = \begin{cases} a \text{ se } a \geqslant 0 \\ -a \text{ se } a < 0 \end{cases}$

Exemplos:

1) $\sqrt[3]{8} = 2$, $\sqrt[3]{-8} = -2$, $\sqrt{16} = 4$, $\sqrt{-16} \notin R$

2) $\sqrt[7]{2^7} = 2$, $\sqrt[7]{-2^7} = -2$, $\sqrt[8]{-2^8} \notin R$, $\sqrt[8]{(-2)^8} = \sqrt[8]{2^8} = 2$

15 Determinar, se for número real, as seguintes raízes:

a) $\sqrt[3]{27} =$	$\sqrt[3]{-27} =$	$\sqrt{25} =$	$\sqrt{-25} =$
b) $\sqrt[5]{2^5} =$	$\sqrt[9]{-2^9} =$	$\sqrt[4]{-2^4} =$	$\sqrt[4]{(-2)^4} =$
c) $\sqrt[3]{64} =$	$\sqrt[3]{-64} =$	$\sqrt{121} =$	$\sqrt{144} =$
d) $\sqrt[3]{125} =$	$\sqrt[3]{-125} =$	$\sqrt[4]{16} =$	$\sqrt[4]{-16} =$
e) $\sqrt[4]{625} =$	$\sqrt[4]{-625} =$	$\sqrt[5]{243} =$	$\sqrt[5]{-243} =$
f) $\sqrt[7]{1} =$	$\sqrt[7]{-1} =$	$\sqrt[6]{1} =$	$\sqrt[6]{-1} =$
g) $\sqrt[7]{0} =$	$\sqrt[7]{-0} =$	$\sqrt[6]{0} =$	$\sqrt[6]{-0} =$
h) $\sqrt[4]{(-3)^4} =$	$\sqrt[4]{-3^4} =$	$\sqrt[5]{-32} =$	$\sqrt[5]{32} =$
i) $\sqrt[6]{64} =$	$\sqrt{169} =$	$\sqrt{196} =$	$\sqrt{225} =$
j) $\sqrt{256} =$	$\sqrt{289} =$	$\sqrt{324} =$	$\sqrt{361} =$

Propriedades

Se os números reais em questão satisfazem as condições da definição, são válidas as propriedades:

$$\sqrt[n]{a}\cdot\sqrt[n]{b}=\sqrt[n]{ab} \qquad (\sqrt[n]{a}\cdot\sqrt[n]{b}\cdot\sqrt[n]{c}=\sqrt[n]{a\cdot b\cdot c})$$

$$\frac{\sqrt[n]{a}}{\sqrt[n]{b}}=\sqrt[n]{\frac{a}{b}} \qquad \sqrt[n]{a^m}=\sqrt[np]{a^{mp}}$$

$$(\sqrt[n]{a})^m=\sqrt[n]{a^m} \qquad \sqrt[n]{\sqrt[m]{a}}=\sqrt[n\cdot m]{a}$$

Exemplos:

1) $\sqrt[7]{2^5}\cdot\sqrt[7]{2^2}=\sqrt[7]{2^5\cdot2^2}=\sqrt[7]{2^7}=2$

2) $\dfrac{\sqrt[6]{2^5}}{\sqrt[6]{2^2}}=\sqrt[6]{\dfrac{2^5}{2^2}}=\sqrt[6]{2^3}=\sqrt[6:3]{2^{3:3}}=\sqrt[2]{2^1}=\sqrt{2}$

3) $(\sqrt[8]{3})^6=\sqrt[8]{3^6}=\sqrt[8:2]{3^{6:2}}=\sqrt[4]{3^3}$

4) $\sqrt[3]{\sqrt{8}}=\sqrt[3\cdot2]{8}=\sqrt[3\cdot2]{2^3}=\sqrt[2]{2^1}=\sqrt{2}$

5) $\sqrt[3]{2^3\cdot3^3\cdot5}=\sqrt[3]{2^3}\cdot\sqrt[3]{3^3}\cdot\sqrt[3]{5}=2\cdot3\cdot\sqrt[3]{5}=6\sqrt[3]{5}$

6) $\sqrt[5]{2^5\cdot3^5\cdot7}=2\cdot3\cdot\sqrt[5]{7}=6\sqrt[5]{7}$

7) $\sqrt[3]{2^6\cdot3^3\cdot5^{15}\cdot7}=2^2\cdot3\cdot5^5\cdot\sqrt[3]{7}$, $\quad\sqrt[3]{2^6\cdot3^3\cdot5}=2^2\cdot3\sqrt[3]{5}=12\sqrt[3]{5}$

8) $2^2\sqrt[5]{3}=\sqrt[5]{2^{10}}\cdot\sqrt[5]{3}=\sqrt[5]{2^{10}\cdot3}$

9) $2^3\cdot3\sqrt[5]{7}=\sqrt[5]{2^{15}\cdot3^5\cdot7}$

10) $\sqrt[7]{2^3\sqrt{2}}=\sqrt[7]{\sqrt{2^6}\cdot\sqrt{2}}=\sqrt[7]{\sqrt{2^6\cdot2}}=\sqrt[14]{2^7}=\sqrt{2}$

16 Simplicar as expressões:

a) $\sqrt[6]{2^2}=$ $\qquad$ $\sqrt[14]{2^8}=$ $\qquad$ $\sqrt[20]{2^{15}}=$

b) $\sqrt[5]{2^{10}}=$ $\qquad$ $\sqrt[3]{2^9}=$ $\qquad$ $\sqrt{5^4}=$

c) $\sqrt[3]{2^3\cdot5}=$ $\qquad$ $\sqrt[5]{3^5\cdot2}=$ $\qquad$ $\sqrt[7]{3\cdot5^7}=$

d) $\sqrt[4]{2\cdot5^8}=$ $\qquad$ $\sqrt[5]{3^{10}\cdot5}=$ $\qquad$ $\sqrt{2^6\cdot3}=$

Resp: **11** d) -10^{62} e) 10^2 **12** a) 10^4, 10^3 b) 10^{-4}, 10^{-2} c) 10^{-3}, 10^6 d) 10^6, 10^{-3} **13** a) $5\cdot10^5$, $63\cdot10^7$ b) $21\cdot10^{-6}$, $1035\cdot10^{-6}$ c) $305\cdot10^3$, $21\cdot10^{-6}$ d) $1052\cdot10^{-6}$, $103\cdot10^{-7}$ e) $7\cdot10^4$, $71\cdot10^{-9}$ f) $13\cdot10^{24}$, $12\cdot10^{-4}$

14 a) $2,34\cdot10^5$; $3,14\cdot10^{11}$ b) $3,47\cdot10^{-7}$; $1,25\cdot10^{-10}$ c) $3,45\cdot10^{12}$; $6,1234\cdot10^5$ d) $2\cdot10^3$; $1,3\cdot10^{-13}$ e) $5,12\cdot10^{-13}$; $1,22\cdot10^5$ f) $1,13\cdot10^3$; $2,78\cdot10^{15}$ g) $3,14\cdot10^{-15}$; $2,7\cdot10^{11}$

17 De acordo com as propriedades, simplificar as expressões:

a) $\sqrt[3]{\sqrt[4]{5}} =$ | $\sqrt{\sqrt[3]{\sqrt{2}}} =$ | $\sqrt[5]{\sqrt{\sqrt{3}}} =$

b) $(\sqrt[3]{5})^3$ | $(\sqrt[4]{5})^2$ | $(\sqrt[3]{5})^6$

---

18 Admitindo que as bases literais são números reais positivos, simplificar as expressões:

a) $\sqrt[4]{a^4 b} =$ | $\sqrt[5]{a^{10} \cdot b} =$ | $\sqrt[4]{a^{12} \cdot b} =$

b) $\sqrt[3]{a^4} =$ | $\sqrt[5]{a^7} =$ | $\sqrt[6]{a^7} =$

c) $\sqrt[3]{a^8} =$ | $\sqrt[4]{a^{15}} =$ | $\sqrt[5]{a^{23}} =$

d) $\sqrt[5]{2^5 \cdot 3^5 \cdot 5} =$ | $\sqrt[3]{2^3 \cdot 5^3 \cdot 49} =$ | $\sqrt[3]{2^6 \cdot 5} =$

---

e) $\sqrt[3]{2^6 \cdot 3^9 \cdot 7} =$

f) $\sqrt[5]{2^7 \cdot 3^{12} \cdot 5} =$

g) $\sqrt[9]{2^4 \sqrt{2}} =$

h) $\sqrt[3]{5\sqrt{5}} =$

Nos exercícios seguintes considerar as bases literais como sendo reais positivos:

19 Simplificar:

a) $\sqrt[6]{a^8} =$ | $\sqrt[12]{a^{15}} =$

b) $\sqrt[4]{a^6 b^2} =$ | $\sqrt[6]{a^3 b^9} =$

---

c) $\sqrt[5]{a^3} \cdot \sqrt[5]{a^2} \cdot \sqrt[5]{a^4} \cdot \sqrt[5]{a} =$

d) $\sqrt[6]{a^2 b} \cdot \sqrt[6]{ab^2} \cdot \sqrt[6]{a^3 b^5} =$

e) $\sqrt[3]{a^7 b^8 c^4} : \sqrt[3]{ab^2 c^2} =$

20 Simplificar as expressões:

a) $\sqrt[4]{4} =$

b) $\sqrt[8]{16} =$

c) $\sqrt[10]{32} =$

d) $\sqrt[6]{81} =$

$\sqrt[6]{8} =$

$\sqrt[6]{27} =$

$\sqrt[6]{125} =$

$\sqrt[10]{64} =$

21 Determinar as raízes:

a) $\sqrt[4]{16} =$ | $\sqrt[4]{81} =$ | $\sqrt[4]{625} =$ | $\sqrt[3]{27} =$

b) $\sqrt[3]{-27} =$ | $\sqrt[3]{125} =$ | $\sqrt[3]{-125} =$ | $\sqrt[3]{343} =$

c) $\sqrt[3]{-343} =$ | $\sqrt[3]{64} =$ | $\sqrt[3]{216} =$ | $\sqrt[5]{243} =$

22 Simplificar as expressões:

a) $\sqrt{8} =$ | $\sqrt[3]{16} =$ | $\sqrt[4]{32} =$

b) $\sqrt[3]{-16} =$ | $\sqrt{27} =$ | $\sqrt[3]{-81} =$

c) $\sqrt[4]{243} =$ | $\sqrt{343} =$ | $\sqrt{125} =$

Resp: **15** a) 3, – 3, 5, $\notin$ R b) 2, – 2, $\notin$ R, 2 c) 4, – 4, 11, 12 d) 5, – 5, 2, $\notin$ R e) 5, $\notin$ R, 3, – 3 f) 1, – 1, 1, $\notin$ R g) 0, 0, 0, 0 h) 3, $\notin$ R, – 2, 2 i) 2, 13, 14, 15 j) 16, 17, 18, 19

16 a) $\sqrt[3]{2}$, $\sqrt[7]{2^4}$, $\sqrt[4]{2^3}$ b) $2^2 = 4$, $2^3 = 8$, $5^2 = 25$ c) $2\sqrt[3]{5}$, $3\sqrt[5]{2}$, $5\sqrt[7]{3}$ d) $25\sqrt[4]{2}$, $9\sqrt[5]{5}$, $8\sqrt{3}$

23 Em cada caso temos o produto de um quadrado perfeito ou um cubo perfeito por um número primo. Simplificar as expressões:

a) $\sqrt{12} =$	$\sqrt{20} =$	$\sqrt{28} =$
b) $\sqrt[3]{24} =$	$\sqrt[3]{40} =$	$\sqrt[3]{56} =$
c) $\sqrt{18} =$	$\sqrt{45} =$	$\sqrt{63} =$
d) $\sqrt{48} =$	$\sqrt{80} =$	$\sqrt{112} =$
e) $\sqrt[3]{54} =$	$\sqrt[3]{135} =$	$\sqrt[3]{250} =$
f) $\sqrt{50} =$	$\sqrt{75} =$	$\sqrt{175} =$

24 Simplificar as expressões:

a) $\sqrt{24} =$	$\sqrt{54} =$
b) $\sqrt[3]{48} =$	$\sqrt{48} =$
c) $\sqrt{96} =$	$\sqrt[3]{162} =$

25 Simplificar:

a) $3\sqrt{20} =$	$2\sqrt{50} =$
b) $\frac{2}{3}\sqrt{18} =$	$6\sqrt{\frac{2}{9}} =$
c) $2\sqrt{72} =$	$2\sqrt[3]{72} =$
d) $5\sqrt{80} =$	$3\sqrt[4]{80} =$
e) $3\sqrt[3]{108} =$	$4\sqrt{108} =$
f) $2\sqrt{500} =$	$3\sqrt[3]{500} =$

Operações com números irracionais na forma de radicais

1 Adição e Subtração

Na adição e subtração podemos simplificar as expressões apenas quando os índices forem iguais e os radicandos forem iguais (juntamos os termos semelhantes).

Exemplos:

1) $8\sqrt[3]{7}+5\sqrt[3]{7}=13\sqrt[3]{7}$, $-7\sqrt{3}+5\sqrt{3}=-2\sqrt{3}$, $5\sqrt{2}-4\sqrt{2}=1\sqrt{2}=\sqrt{2}$

2) $3\sqrt{2}+5\sqrt{3}-7\sqrt{2}+4\sqrt{3}-2\sqrt{2}-\sqrt{3}=-6\sqrt{2}+8\sqrt{3}$

3) $7\sqrt[4]{9}+5\sqrt{12}-3\sqrt{75}$

$7\sqrt[4]{3^2}+5\sqrt{2^2\cdot 3}-3\sqrt{3\cdot 5^2}$

$7\sqrt{3}+5\cdot 2\sqrt{3}-3\cdot 5\sqrt{3}$

$7\sqrt{3}+10\sqrt{3}-15\sqrt{3}=2\sqrt{3}$

4) $\sqrt{4\sqrt{3}}+7\sqrt{\sqrt[4]{9}}-\sqrt[4]{243}$

$2\sqrt{\sqrt{3}}+7\sqrt[8]{3^2}-\sqrt[4]{3^5}$

$2\sqrt[4]{3}+7\sqrt[4]{3}-\sqrt[4]{3^4\cdot 3}$

$2\sqrt[4]{3}+7\sqrt[4]{3}-3\sqrt[4]{3}=6\sqrt[4]{3}$

2 Multiplicação e divisão

Quando os radicais tiverem o mesmo índice multiplicamos (ou dividimos) os radicandos, conservando o índice comum.

Se os radicais não tiverem o mesmo índice, é necessário reduzir ao mesmo índice (mínimo múltiplo comum dos índices dados), primeiramente.

1º caso Os radicais têm os mesmos índices

Exemplos:

1) $\sqrt[7]{2}\cdot\sqrt[7]{3}=\sqrt[7]{2\cdot 3}=\sqrt[7]{6}$, $\sqrt{2}\cdot\sqrt{8}=\sqrt{16}=4$

2) $\sqrt{2}\cdot\sqrt{6}=\sqrt{2\cdot 6}=\sqrt{2\cdot 2\cdot 3}=2\sqrt{3}$, ou:

$\sqrt{2}\cdot\sqrt{6}=\sqrt{2}\cdot\sqrt{2\cdot 3}=\sqrt{2}\cdot\sqrt{2}\cdot\sqrt{3}=(\sqrt{2})^2\sqrt{3}=2\sqrt{3}$

3) $\sqrt[3]{10}:\sqrt[3]{2}=\sqrt[3]{10:2}=\sqrt[3]{5}$, $\sqrt{6}:\sqrt{3}=\sqrt{2}$, $\sqrt[3]{54}:\sqrt[3]{2}=\sqrt[3]{27}=3$

Resp: **17** a) $\sqrt[12]{5},\sqrt[12]{2},\sqrt[20]{3}$ b) 5, $\sqrt{5}$, 25 **18** a) $a\sqrt[4]{b},a^2\sqrt[5]{b},a^3\sqrt[4]{b}$ b) $a\sqrt[3]{a},a\sqrt[5]{a^2},a\sqrt[6]{a}$ c) $a^2\sqrt[3]{a^2},a^3\sqrt[4]{a^3},a^4\sqrt[5]{a^3}$ d) $6\sqrt[5]{5},10\sqrt[3]{49},4\sqrt[3]{5}$ e) $108\sqrt[3]{7}$ f) $18\sqrt[5]{180}$ g) $\sqrt{2}$ h) $\sqrt{5}$ **19** a) $a\sqrt[3]{a},a\sqrt[4]{a}$ b) $a\sqrt{ab},b\sqrt{ab}$ c) a^2 d) $ab\sqrt[3]{b}$ e) $a^2b^2\sqrt[3]{c^2}$ **20** a) $\sqrt{2},\sqrt{2}$ b) $\sqrt{2},\sqrt{3}$ c) $\sqrt{2},\sqrt{5}$ d) $\sqrt[3]{9},\sqrt[5]{8}$ **21** a) 2, 3, 5, 3 b) – 3, 5, – 5, 7 c) – 7, 4, 6, 3 **22** a) $2\sqrt{2},2\sqrt[3]{2},2\sqrt[4]{2}$ b) $-2\sqrt[3]{2},3\sqrt{3},-3\sqrt[3]{3}$ c) $3\sqrt[4]{3},7\sqrt{7},5\sqrt{5}$

2º caso **Os radicais não tem o mesmo índice**

Reduzimos primeiramente ao mesmo índice e caímos no caso anterior.

Exemplos:

1) $\sqrt[4]{2^3} \cdot \sqrt[6]{2^1}$

mmc (4,6) = 12

$\sqrt[12]{2^9} \cdot \sqrt[12]{2^2} =$

$\sqrt[12]{2^9 \cdot 2^2} = \sqrt[12]{2^{11}}$

2) $\sqrt[10]{2^7} : \sqrt[15]{2^4}$

mmc (10, 15) = 30

$\sqrt[30]{2^{21}} : \sqrt[30]{2^8}$

$\sqrt[30]{2^{21} : 2^8} = \sqrt[30]{2^{13}}$

3) $\sqrt[9]{9} \cdot \sqrt[6]{243} \cdot \sqrt[8]{81}$

$\sqrt[9]{3^2} \cdot \sqrt[6]{3^5} \cdot \sqrt[8]{3^4}$

$\sqrt[9]{3^2} \cdot \sqrt[6]{3^5} \cdot \sqrt{3}$

$\sqrt[18]{3^4 \cdot 3^{15} \cdot 3^9} = \sqrt[18]{3^{28}} =$

$= \sqrt[9]{3^{14}} = \sqrt[9]{3^9 \cdot 3^5} = 3\sqrt[9]{3^5}$

Outros exemplos, usando a propriedade distributiva.

1) $2\sqrt{2}(3\sqrt{6} + 5\sqrt{10}) =$

$6\sqrt{2 \cdot 6} + 10\sqrt{2 \cdot 10} =$

$6\sqrt{2 \cdot 2 \cdot 3} + 10\sqrt{2 \cdot 2 \cdot 5} =$

$6\sqrt{2^2 \cdot 3} + 10\sqrt{2^2 \cdot 5} =$

$6 \cdot 2\sqrt{3} + 10 \cdot 2\sqrt{5} = 12\sqrt{3} + 20\sqrt{5}$

2) $(2\sqrt{6} - 3\sqrt{2})(5\sqrt{6} - 2\sqrt{2}) =$

$2\sqrt{6}(5\sqrt{6} - 2\sqrt{2}) - 3\sqrt{2}(5\sqrt{6} - 2\sqrt{2}) =$

$10\sqrt{36} - 4\sqrt{12} - 15\sqrt{12} + 6\sqrt{4} =$

$10 \cdot 6 - 19\sqrt{12} + 6 \cdot 2 =$

$72 - 19\sqrt{4 \cdot 3} = 72 - 19 \cdot 2\sqrt{3} = 72 - 38\sqrt{3}$

Racionalização de denominadores

Multiplicamos o numerador e o denominador da fração dada por um número convenientemente escolhido de modo que o produto no denominador obtido resulte em um número racional.

Vejamos apenas alguns casos:

Exemplos:

1) $\frac{3}{\sqrt{5}} = \frac{3}{\sqrt{5}} \cdot \frac{\sqrt{5}}{\sqrt{5}} = \frac{3\sqrt{5}}{\sqrt{25}} = \frac{3\sqrt{5}}{5}$, $\frac{8}{3\sqrt{2}} = \frac{8}{3\sqrt{2}} \cdot \frac{\sqrt{2}}{\sqrt{2}} = \frac{8\sqrt{2}}{3 \cdot 2} = \frac{4\sqrt{2}}{3}$

2) $\frac{15}{\sqrt{12}} = \frac{15}{\sqrt{4 \cdot 3}} = \frac{15}{2\sqrt{3}} = \frac{15}{2\sqrt{3}} \cdot \frac{\sqrt{3}}{\sqrt{3}} = \frac{15\sqrt{3}}{2 \cdot 3} = \frac{5\sqrt{3}}{2}$

3) $\frac{12\sqrt{10}}{7\sqrt{15}} = \frac{12\sqrt{10} : \sqrt{5}}{7\sqrt{15} : \sqrt{5}} = \frac{12\sqrt{2}}{7\sqrt{3}} = \frac{12\sqrt{2}}{7\sqrt{3}} \cdot \frac{\sqrt{3}}{\sqrt{3}} = \frac{12\sqrt{6}}{7 \cdot 3} = \frac{4\sqrt{6}}{7}$

4) $\frac{2}{\sqrt[3]{6}} = \frac{2}{\sqrt[3]{6}} \cdot \frac{\sqrt[3]{6^2}}{\sqrt[3]{6^2}} = \frac{2\sqrt[3]{6^2}}{\sqrt[3]{6^3}} = \frac{2\sqrt[3]{36}}{6} = \frac{\sqrt[3]{36}}{3}$

5) $\frac{3}{\sqrt[4]{72}} = \frac{3}{\sqrt[4]{2^3 \cdot 3^2}} = \frac{3}{\sqrt[4]{2^3 \cdot 3^2}} \cdot \frac{\sqrt[4]{2 \cdot 3^2}}{\sqrt[4]{2 \cdot 3^2}} = \frac{3\sqrt[4]{18}}{\sqrt[4]{2^4 \cdot 3^4}} = \frac{3\sqrt[4]{18}}{2 \cdot 3} = \frac{\sqrt[4]{18}}{2}$

Lembre-se de que $(a + b)(a - b) = a^2 - b^2$ e $(\sqrt{5} + \sqrt{2})(\sqrt{5} - \sqrt{2}) = (\sqrt{5})^2 - (\sqrt{2})^2 = 5 - 2 = 3$

6) $\frac{5}{\sqrt{5} - \sqrt{3}} = \frac{5}{(\sqrt{5} - \sqrt{3})} \cdot \frac{(\sqrt{5} + \sqrt{3})}{(\sqrt{5} + \sqrt{3})} = \frac{5(\sqrt{5} + \sqrt{3})}{(\sqrt{5})^2 - (\sqrt{3})^2} = \frac{5(\sqrt{5} + \sqrt{3})}{5 - 3} = \frac{5(\sqrt{5} + \sqrt{3})}{2}$

7) $\frac{6\sqrt{2}}{2\sqrt{5} + \sqrt{2}} = \frac{6\sqrt{2}}{(2\sqrt{5} + \sqrt{2})} \cdot \frac{(2\sqrt{5} - \sqrt{2})}{(2\sqrt{5} - \sqrt{2})} = \frac{6(2\sqrt{10} - 6 \cdot 2)}{4 \cdot 5 - 2} = \frac{6(2\sqrt{10} - 12)}{18} = \frac{2\sqrt{10} - 12}{3}$

8) $\frac{3\sqrt{6}}{\sqrt{15} - \sqrt{3}} = \frac{(3\sqrt{6}) : \sqrt{3}}{(\sqrt{15} - \sqrt{3}) : \sqrt{3}} = \frac{3\sqrt{2}}{\sqrt{5} - 1} = \frac{3\sqrt{2}}{(\sqrt{5} - 1)} \cdot \frac{(\sqrt{5} + 1)}{(\sqrt{5} + 1)} = \frac{3(\sqrt{10} + \sqrt{2})}{4}$

26 Simplificar as expressões:

a) $2\sqrt{3} + 3\sqrt{3} + 5\sqrt{3} =$

b) $-2\sqrt{3} + 3\sqrt{3} - 7\sqrt{3} =$

$-2\sqrt[3]{5} - 3\sqrt[3]{5} - 7\sqrt[3]{5} =$

$9\sqrt[4]{5} + 5\sqrt[4]{5} - 7\sqrt[4]{5} =$

27 Simplificar:

a) $5\sqrt{2} - 2\sqrt{2} - 5\sqrt{3} - 2\sqrt{3}$

b) $2\sqrt[3]{3} + 5\sqrt{3} - 8\sqrt{3} + 6\sqrt[3]{3}$

c) $3\sqrt{2} - 5\sqrt{2} - 9\sqrt{5} + 8\sqrt{2} - \sqrt{5}$

d) $5\sqrt{6} - 3\sqrt{3} - 2\sqrt{2} + 5\sqrt{3} - 2\sqrt{6}$

e) $3\sqrt{3} - 2\sqrt{2} + 5 - 7\sqrt{2} + 8\sqrt{3} - 2 + 4\sqrt{2} - 5\sqrt{3} - 7 + \sqrt{2} + \sqrt{3}$

f) $2\sqrt{3} - 3\sqrt{2} - 2\sqrt{4} - 5\sqrt{2} + 7\sqrt{3} + 3\sqrt{9} + 11\sqrt{2} - 3\sqrt{25} + 8\sqrt{2}$

g) $\sqrt[4]{4} - 2\sqrt[6]{27} + 3\sqrt[8]{16} - \sqrt[4]{9} + 2\sqrt[6]{8} - 3\sqrt[10]{32} - 2\sqrt[8]{81}$

Resp: **23** a) $2\sqrt{3}, 2\sqrt{5}, 2\sqrt{7}$ b) $2\sqrt[3]{3}, 2\sqrt[3]{5}, 2\sqrt[3]{7}$ c) $3\sqrt{2}, 3\sqrt{5}, 3\sqrt{7}$ d) $4\sqrt{3}, 4\sqrt{5}, 4\sqrt{7}$ e) $3\sqrt[3]{2}, 3\sqrt[3]{5}, 5\sqrt[3]{2}$ f) $5\sqrt{2}, 5\sqrt{3}, 5\sqrt{7}$ **24** a) $2\sqrt{6}, 3\sqrt{6}$ b) $2\sqrt[3]{6}, 4\sqrt{3}$ c) $4\sqrt{6}, 3\sqrt[3]{6}$ **25** a) $6\sqrt{5}, 10\sqrt{2}$ b) $2\sqrt{2}, 2\sqrt{2}$ c) $12\sqrt{2}, 4\sqrt[3]{9}$ d) $20\sqrt{5}, 6\sqrt[4]{5}$ e) $9\sqrt[3]{4}, 24\sqrt{3}$ f) $20\sqrt{5}, 15\sqrt[3]{4}$

28 Simplificar as expressões:

a) $2\sqrt{12} - 3\sqrt{18} + 2\sqrt{75} + 6\sqrt{50} - 2\sqrt{98} - 3\sqrt{48}$

b) $2\sqrt{8} - 3\sqrt{27} - 2\sqrt{32} + 2\sqrt{243} - \sqrt{128} - 2\sqrt{18} - 3\sqrt{12}$

c) $\frac{2}{3}\sqrt{18} - \frac{3}{2}\sqrt{12} - \frac{1}{3}\sqrt{27} + \frac{5}{2}\sqrt{8} - \frac{3}{5}\sqrt{75} - \frac{2}{7}\sqrt{98}$

d) $\frac{1}{2}\sqrt[3]{16} - \frac{1}{3}\sqrt[3]{54} - \frac{3}{2}\sqrt[3]{24} + \frac{3}{5}\sqrt[3]{250} + \frac{5}{3}\sqrt[3]{192} - \frac{3}{2}\sqrt[3]{128} + \frac{1}{5}\sqrt[3]{375} + \frac{5}{7}\sqrt[3]{686}$

29 Efetuar:

a) $2\sqrt[8]{4} - 3\sqrt[4]{2^5} + 2\sqrt[4]{2^9}$

b) $3\sqrt[6]{9} - 2\sqrt[3]{81} + 7\sqrt[3]{24} - 3\sqrt[9]{27}$

c) $\frac{1}{5}\sqrt{50} - \frac{3}{7}\sqrt{98} - \frac{5}{6}\sqrt{72}$

d) $\frac{5}{2}\sqrt{28} - \frac{3}{5}\sqrt{125} - \frac{5}{3}\sqrt{63} + \frac{5}{4}\sqrt{80}$

30 Na multiplicação de radicais, podemos multiplicar os radicandos apenas quando os índices dos radicais forem iguais. Efetuar:

a) $(2\sqrt{3})(3\sqrt{2}) =$

b) $(-2\sqrt[3]{5})(-5\sqrt[3]{9}) =$

c) $3\sqrt[4]{6} \cdot (4\sqrt[4]{3}) =$

d) $(-4\sqrt{3})(-3\sqrt{7}) =$

e) $2\sqrt[4]{8}\,(3\sqrt[4]{6})(\sqrt[4]{3}) =$

f) $(-2\sqrt[4]{6})(-3\sqrt[4]{2})(5\sqrt[4]{3}) =$

g) $\sqrt[4]{2a^3b} \cdot \sqrt[4]{8ab^3} \cdot \sqrt[4]{32a^5b^7}$

h) $\sqrt[3]{4a^2b^2} \cdot \sqrt[3]{2a^4b^4} \cdot \sqrt[3]{3a}$

i) $3\sqrt[4]{27} \cdot \sqrt[4]{3} \cdot \sqrt[4]{243}$

j) $(-2\sqrt{12})(-3\sqrt{18})(\sqrt{48})$

k) $-3\sqrt[5]{16}\,(-2\sqrt[5]{64})(5\sqrt[5]{256})$

l) $\sqrt[12]{25} \cdot \sqrt[18]{125} \cdot \sqrt[6]{3125} \cdot \sqrt[24]{625}$

Resp: **26** a) $10\sqrt{3}, -12\sqrt[3]{5}$ b) $-6\sqrt{3}, 7\sqrt[4]{5}$ d) $3\sqrt{6} + 2\sqrt{3} - 2\sqrt{2}$ e) $7\sqrt{3} - 4\sqrt{2} - 4$

27 a) $3\sqrt{2} - 7\sqrt{3}$ b) $8\sqrt[3]{3} - 3\sqrt{3}$ c) $6\sqrt{2} - 10\sqrt{5}$ f) $9\sqrt{3} + 11\sqrt{2} - 10$ g) $3\sqrt{2} - 5\sqrt{3}$

31 Na divisão de radicais, podemos dividir os radicandos apenas quando os índices dos radicais forem iguais. Efetuar:

a) $(16\sqrt[3]{9}):(2\sqrt[3]{3}) =$

b) $(-12\sqrt[4]{24}):(-3\sqrt[4]{8}) =$

c) $\dfrac{-24\sqrt{6}}{8\sqrt{2}} =$

d) $\dfrac{15\sqrt[3]{49}}{3\sqrt[3]{7}} =$

e) $(6\sqrt[4]{24}):(2\sqrt[4]{6}) =$

f) $(48\sqrt[6]{54}):(3\sqrt[6]{2}) =$

32 Efetuar as multiplicações:

a) $2\sqrt{3}\,(3\sqrt{2} - 2\sqrt{5})$

b) $-3\sqrt{3}\,(2\sqrt{3} - 3\sqrt{2})$

c) $3\sqrt{6}\,(2\sqrt{3} - 3\sqrt{2})$

d) $\sqrt[3]{4}\,(2\sqrt[3]{2} - \sqrt[3]{6})$

33 Efetuar as divisões:

a) $(12\sqrt{6} - 6\sqrt{3}):(3\sqrt{3})$

b) $(\sqrt[3]{24} - \sqrt[3]{18}):\sqrt[3]{3}$

34 Simplificar as expressões:

a) $(2\sqrt{3} - 3\sqrt{2})(3\sqrt{3} - 2\sqrt{2})$

b) $(4\sqrt{3} - 3\sqrt{2})(2\sqrt{3} + 2\sqrt{2})$

34 c) $(3\sqrt{6} - 2\sqrt{3})(3\sqrt{2} - 4)$

d) $(2\sqrt[3]{4} - \sqrt[3]{2})(3\sqrt[3]{4} + 2\sqrt[3]{2})$

e) $(-2\sqrt{15} - 3\sqrt{3})(-3\sqrt{5} + 2)$

f) $(3\sqrt{3} - 2\sqrt{2})(3\sqrt{2} - 3\sqrt{3} - 2\sqrt{6})$

35 Efetuar:

a) $\sqrt[5]{a^5} =$ | $(\sqrt[7]{a})^7 =$ | $\sqrt[4]{a^2} =$ | $(\sqrt[8]{a})^4 =$

b) $(2\sqrt{3})^2 =$ | $(2\sqrt[3]{2})^3 =$ | $(-2\sqrt{2})^4 =$ | $(-3\sqrt[3]{3})^3 =$

c) $(\sqrt{2} \cdot \sqrt[3]{2})^6 =$

d) $(\sqrt[4]{2} \cdot \sqrt[6]{3})^{12} =$

Resp **28** a) $2\sqrt{3} + 7\sqrt{2}$ b) $3\sqrt{3} - 18\sqrt{2}$ c) $5\sqrt{2} - 7\sqrt{3}$ d) $2\sqrt[3]{2} + \frac{14}{3}\sqrt[3]{3}$ **29** a) $4\sqrt[4]{2}$ b) $8\sqrt[3]{3}$ c) $-7\sqrt{2}$ d) $2\sqrt{5}$ **30** a) $6\sqrt{6}$ b) $10\sqrt[3]{45}$ c) $12\sqrt[4]{18}$ d) $12\sqrt{21}$ e) $12\sqrt{3}$ f) $30\sqrt{6}$ g) $4a^2b^2\sqrt[4]{2ab^3}$ h) $2a^2b^2\sqrt[3]{3a}$ i) $27\sqrt[4]{3}$ j) $432\sqrt{2}$ k) $240\sqrt[5]{8}$ l) $5\sqrt[3]{5}$

36 Simplificar:

a) $\sqrt[3]{\sqrt[4]{2}} =$ $\qquad$ $\sqrt[5]{\sqrt[3]{3}} =$ $\qquad$ $\sqrt{\sqrt[3]{\sqrt{3}}} =$ $\qquad$ $\sqrt[4]{\sqrt[3]{\sqrt{5}}} =$

b) $\sqrt[4]{\sqrt[5]{2^{16}}} =$

c) $(\sqrt[3]{\sqrt[5]{2}})^{10} =$

d) $\left(\sqrt[7]{\sqrt[6]{\sqrt[4]{2^7}}}\right)^{12} =$

e) $\left(\sqrt[5]{\sqrt[4]{\sqrt[3]{2^2}}}\right)^{30} =$

f) $\left(\sqrt[5]{\dfrac{\sqrt[9]{5}}{\sqrt[6]{5}}}\right)^{30} =$

g) $\left(\sqrt[6]{\dfrac{\sqrt{3}}{\sqrt[4]{3^3}}}\right)^{8} =$

37 Baseando-se no produto notável $(a + b)(a - b) = a^2 - b^2$, simplificar:

a) $(\sqrt{7} + \sqrt{2})(\sqrt{7} - \sqrt{2}) =$

b) $(\sqrt{15} + \sqrt{7})(\sqrt{15} - \sqrt{7}) =$

c) $(\sqrt{6} - \sqrt{2})(\sqrt{6} + \sqrt{2}) =$

d) $(3\sqrt{5} + \sqrt{7})(3\sqrt{5} - \sqrt{7}) =$

e) $(3\sqrt{2} + 2\sqrt{3})(3\sqrt{2} - 2\sqrt{3}) =$

38 Baseando-se no produto notável $(a + b)^2 = a^2 + 2ab + b^2$, simplificar:

a) $(\sqrt{3} + \sqrt{2})^2 =$

b) $(\sqrt{7} + \sqrt{5})^2 =$

c) $(2\sqrt{5} + 3\sqrt{2})^2 =$

d) $(3\sqrt{3} + 2\sqrt{2})^2 =$

---

39 Baseando-se no produto notável $(a - b)^2 = a^2 - 2ab + b^2$, simplificar:

a) $(\sqrt{5} - \sqrt{2})^2 =$

b) $(\sqrt{11} - \sqrt{3})^2 =$

c) $(3\sqrt{2} - 2\sqrt{3})^2 =$

d) $(3\sqrt{5} - 4\sqrt{2})^2 =$

---

40 Aplicando produtos notáveis, simplificar a expressão dada

$$(2\sqrt{3} + 3)(2\sqrt{3} - 3) - (3\sqrt{3} - 2\sqrt{2})^2 - 2(2\sqrt{3} - 3\sqrt{2})^2 + 2(\sqrt{7} - 2)(\sqrt{7} + 2)$$

Resp **31** a) $8\sqrt[3]{3}$ b) $4\sqrt[4]{3}$ c) $-3\sqrt{3}$ d) $5\sqrt[3]{7}$ e) $3\sqrt{2}$ f) $16\sqrt{3}$

32 a) $6\sqrt{6} - 4\sqrt{15}$ b) $-18 + 9\sqrt{6}$ c) $18\sqrt{2} - 18\sqrt{3}$ d) $4 - 2\sqrt[3]{3}$

33 a) $4\sqrt{2} - 2$ b) $2 - \sqrt[3]{6}$

34 a) $30 - 13\sqrt{6}$ b) $2\sqrt{6} + 12$ c) $26\sqrt{3} - 18\sqrt{6}$ d) $2 - 2\sqrt[3]{4} + 12\sqrt[3]{2}$ e) $24\sqrt{3} + 5\sqrt{15}$ f) $15\sqrt{6} + 8\sqrt{3} - 18\sqrt{2} - 39$

35 a) a, a, $\sqrt{a}$, $\sqrt{a}$ b) 12, 16, 64, – 81 c) 32 d) 72

41 Racionalizar o denominador da fração nos casos:

a) $\frac{3}{\sqrt{2}} = \frac{3}{\sqrt{2}} \cdot \frac{\quad}{\quad} =$

b) $\frac{4}{3\sqrt{2}} = \frac{4}{3\sqrt{2}} \cdot \frac{\quad}{\quad} =$

c) $\frac{10}{3\sqrt{5}}$

d) $\frac{14}{5\sqrt{7}}$

e) $\frac{2\sqrt{3}}{3\sqrt{2}}$

f) $\frac{5}{\sqrt{5}}$

g) $\frac{3}{\sqrt{3}}$

h) $\frac{6}{\sqrt{6}}$

42 Racionalizar o denominador, nos casos:

a) $\frac{5}{\sqrt{12}} = \frac{5}{2\sqrt{3}} \cdot \frac{\quad}{\quad} =$

b) $\frac{4}{\sqrt{18}} = \frac{\quad}{\quad} \cdot \frac{\quad}{\quad} =$

c) $\frac{10}{\sqrt{24}} =$

d) $\frac{6\sqrt{2}}{\sqrt{27}} =$

e) $\frac{15\sqrt{3}}{2\sqrt{40}} =$

f) $\frac{5\sqrt{2}}{3\sqrt{75}} =$

43 Racionalizar o denominador, nos casos:

a) $\frac{3}{\sqrt[7]{2^4}}$

b) $\frac{5}{\sqrt[5]{5^3}}$

c) $\frac{2\sqrt[5]{9}}{\sqrt[5]{2^2}}$

d) $\frac{3}{2\sqrt[4]{8}}$

43 e) $\dfrac{5}{3\sqrt[5]{125}}$

f) $\dfrac{8}{3\sqrt[5]{2^7}}$

g) $\dfrac{25}{3\sqrt[7]{125}}$

h) $\dfrac{10}{3\sqrt[7]{256}}$

i) $\dfrac{2\sqrt[3]{3}}{5\sqrt[12]{2^8}}$

j) $\dfrac{50}{3\sqrt[9]{5^{15}}}$

k) $\dfrac{8}{5\sqrt[3]{\sqrt[4]{128}}}$

l) $\dfrac{15}{2\sqrt[3]{\sqrt[5]{27}}}$

44 Racionalizar o denominador da fração nos casos:

a) $\dfrac{5}{\sqrt{7}+\sqrt{2}}$

b) $\dfrac{15}{\sqrt{23}+3\sqrt{2}}$

c) $\dfrac{30}{3\sqrt{2}-2\sqrt{3}}$

d) $\dfrac{45}{4\sqrt{3}+3\sqrt{2}}$

e) $\dfrac{5\sqrt{3}}{2\sqrt{6}-3}$

Resp: **36** a) $\sqrt[12]{2}, \sqrt[15]{3}, \sqrt[12]{3}, \sqrt[24]{5}$ b) $\sqrt[5]{16}$ c) $\sqrt[3]{4}$ d) $\sqrt{2}$ e) 2 f) $\dfrac{\sqrt[3]{25}}{5}$ g) $\dfrac{\sqrt[3]{9}}{3}$ **37** a) 5 b) 8 c) 4 d) 38 e) 6 **38** a) $2\sqrt{6}+5$ b) $2\sqrt{35}+12$ c) $12\sqrt{10}+38$ d) $12\sqrt{6}+35$

39 a) $7-2\sqrt{10}$ b) $14-2\sqrt{33}$ c) $30-12\sqrt{6}$ d) $77-24\sqrt{10}$ **40** $36\sqrt{6}-86$

44 f) $\dfrac{5\sqrt{10}}{5\sqrt{2}+3\sqrt{5}}$

g) $\dfrac{2\sqrt{2}-3\sqrt{3}}{3\sqrt{2}+2\sqrt{3}}$

h) $\dfrac{3\sqrt{3}-2}{3\sqrt{3}-4}$

i) $\dfrac{3\sqrt{2}+\sqrt{3}}{3\sqrt{2}-\sqrt{3}}$

j) $\dfrac{-7\sqrt{3}}{2\sqrt{3}-3\sqrt{6}}=\dfrac{7\sqrt{3}}{3\sqrt{6}-2\sqrt{3}}=\dfrac{7}{3\sqrt{2}-2}$

k) $\dfrac{5\sqrt{15}}{5\sqrt{3}+3\sqrt{5}}$

l) $\dfrac{38\sqrt{6}}{5\sqrt{3}-3\sqrt{2}}$

m) $\dfrac{-4\sqrt{2}-3\sqrt{3}}{3\sqrt{3}-4\sqrt{2}}$

n) $\dfrac{3\sqrt{6}-4\sqrt{2}}{3\sqrt{6}+4\sqrt{2}}$

o) $\dfrac{3\sqrt{60}-\sqrt{160}}{3\sqrt{15}+\sqrt{40}}$

Resp: 41 a) $\frac{3\sqrt{2}}{2}$ b) $\frac{2\sqrt{2}}{3}$ c) $\frac{2\sqrt{5}}{3}$ d) $\frac{2\sqrt{7}}{5}$ e) $\frac{\sqrt{6}}{3}$ f) $\sqrt{5}$ g) $\sqrt{3}$ h) $\sqrt{6}$

42 a) $\frac{5\sqrt{3}}{6}$ b) $\frac{2\sqrt{2}}{3}$ c) $\frac{5\sqrt{6}}{6}$ d) $\frac{2\sqrt{6}}{3}$ e) $\frac{3\sqrt{30}}{8}$ f) $\frac{\sqrt{6}}{9}$ **43** a) $\frac{3\sqrt[7]{8}}{2}$ b) $\sqrt[5]{25}$

c) $\sqrt[5]{72}$ d) $\frac{3\sqrt[4]{2}}{4}$ e) $\frac{\sqrt[5]{25}}{3}$ f) $\frac{2\sqrt[5]{8}}{3}$ g) $\frac{5\sqrt[7]{625}}{3}$ h) $\frac{5\sqrt[7]{64}}{6}$ i) $\frac{\sqrt[3]{6}}{5}$ j) $\frac{2\sqrt[3]{5}}{3}$ k) $\frac{4\sqrt[12]{32}}{5}$
l) $\frac{5\sqrt[5]{81}}{2}$ **44** a) $\sqrt{7}-\sqrt{2}$ b) $3(\sqrt{23}-3\sqrt{2})$ c) $5(3\sqrt{2}+2\sqrt{3})$ d) $\frac{3}{2}(4\sqrt{3}-3\sqrt{2})$
e) $2\sqrt{2}+\sqrt{3}$

III EQUAÇÕES

1) Propriedade

Para $n \in N^*$ e $a \in \mathbf{R}$, temos: $a^n = 0 \Leftrightarrow a = 0$

Exemplos:

1º) $x^2 = 0 \Rightarrow x = 0$, $7x^3 = 0 \Rightarrow x = 0$ 2º) $\frac{\sqrt[5]{3}}{7}(2x-3)^{11} = 0 \Rightarrow 2x-3=0 \Rightarrow 2x = 3 \Rightarrow x = \frac{3}{2}$

45 Resolver em **R** as equações:

a) $x^7 = 0$

b) $7\sqrt{5}\,x^4 = 0$

c) $(2\sqrt{5}-1)x^2 = 0$

d) $(x-5)^5 = 0$

e) $(2\sqrt{3}-1)(2x-3\sqrt{2})^7 = 0$

f) $(\pi-\sqrt{3})(3x-2\sqrt{18})^5 = 0$

2) Propriedade

Para $a \in \mathbf{R}$ e $b \in \mathbf{R}$, temos: $ab = 0 \Leftrightarrow a = 0$ ou $b = 0$

Exemplos:

1º) $(2x-3)(3x-9)=0$

$2x-3 = 0$ ou $3x-9 = 0$

$2x = 3$ $\quad 3x = 9$

$x = \frac{3}{2}$ $\quad x = 3$

$S = \left\{\frac{3}{2}, 3\right\}$

2º) $3x^7(2x-12)^4(5x-10)^3 = 0$

$x = 0$ ou $2x-12 = 0$ ou $5x-10 = 0$

$x = 0$ $\quad 2x = 12$ $\quad 5x = 10$

$x = 6$ $\quad x = 2$

$S = \{0, 2, 6\}$

Resp: **44** f) $10\sqrt{5}-15\sqrt{2}$ g) $\frac{1}{6}(30-13\sqrt{6})$ h) $\frac{1}{11}(6\sqrt{3}+19)$ i) $\frac{2\sqrt{6}+7}{5}$ j) $\frac{3\sqrt{2}+2}{2}$ k) $\frac{5}{2}(\sqrt{5}-\sqrt{3})$ l) $2(5\sqrt{2}+2\sqrt{3})$ m) $\frac{24\sqrt{6}+59}{5}$ n) $\frac{43-24\sqrt{3}}{11}$ o) $\frac{70-24\sqrt{6}}{19}$

46 Resolver em **R** as equações:

a) $(x-3)(x+3)(x-5)=0$

b) $3x^2(3x-9)(2x-4)=0$

c) $\frac{3}{2}x^4(5x-3)(3x-7)^3=0$

d) $\sqrt{3}\,x^7(4x+6)^2(8-12x)^3=0$

e) $3x^2(3\sqrt{12}-2x)^3(\sqrt{18}-3x)^4(5x-\sqrt{125})^2(343-49x)^5=0$

47 Resolver em **R** as equações:
Transformar em multiplicação (fatorar) primeiramente.

Exemplos:

1º) $x^2+7x+10=0$

$(x+2)(x+5)=0$

$x+2=0$ ou $x+5=0$

$x=-2$ ou $x=-5$

$S=\{-5,-2\}$

2º) $x^2-5x+6=0$

$(x-2)(x-3)=0$

$x-2=0$ ou $x-3=0$

$x=2$ ou $x=3$

$V=\{2,3\}$

3º) $x^2-3x-10=0$

$(x-5)(x+2)=0$

$x-5=0$ ou $x+2=0$

$x=5$ ou $x=-2$

$V=\{-2,5\}$

47

a) $x^2 + 8x + 15 = 0$

b) $x^2 - 7x + 10 = 0$

c) $x^2 - 2x - 15 = 0$

d) $x^2 - 6x + 8 = 0$

e) $x^2 + 6x + 8 = 0$

f) $x^2 - 2x - 8 = 0$

g) $x^2 + 2x - 8 = 0$

h) $x^2 - 10x + 21 = 0$

i) $x^2 + 4x - 21 = 0$

48 Resolver em **R** as equações:
Simplificar primeiramente e depois fatorar.

a) $2x(x - 3) - x(x - 18) + 35 = 0$

b) $(2x - 3)(x - 5) - x(x + 2) = -21$

Resp: **45** a) $\{0\}$ b) $\{0\}$ c) $\{0\}$ d) $\{5\}$ e) $\left\{\frac{3\sqrt{2}}{2}\right\}$

48 c) $2x(5 - 2x) - 5x\,(1 - x) = 24$

d) $(2x - 3)\,(3x - 2) = 5\,(x^2 - 6)$

e) $2x(3x - 1) - 3x(2x - 1)(x + 3) + 2x(x - 4)(3x - 1) = 20\,(7 - 2x^2)$

f) $(2x - 3)(2x + 3) - (2x - 5)(3x - 2) = (2 - 3x)(2 + 3x) + 257 - 2x$

49 De acordo com a identidade $(a + b)^2 = a^2 + 2ab + b^2$, fatorando primeiramente, resolver as equações:

Exemplos:

1)	2)	3)
$x^2 + 14x + 49$	$4x^2 + 4x + 1 = 0$	$3x^2 + 18x + 27 = 0$
$(x + 7)^2 = 0$	$(2x + 1)^2 = 0$	$x^2 + 6x + 9 = 0$
$x + 7 = 0$	$2x + 1 = 0$	$(x + 3)^2 = 0$
$x = -7 \Rightarrow \quad V = \{-7\}$	$x = -\frac{1}{2} \Rightarrow \quad V = \left\{-\frac{1}{2}\right\}$	$x + 3 = 0$
		$x = -3 \Rightarrow \quad V = \{-3\}$

a) $x^2 + 10x + 25 = 0$

b) $x^2 + 4x + 4 = 0$

c) $2x^2 + 20x + 50 = 0$

d) $3x^2 + 24x + 48 = 0$

e) $9x^2 + 6x + 1 = 0$

f) $4x^2 + 12x + 9 = 0$

50 De acordo com a identidade $(a - b)^2 = a^2 - 2ab + b^2$, fatorando primeiramente, resolver as equações:

Exemplo: $5x^2 - 30x + 45 = 0 \Rightarrow x^2 - 6x + 9 = 0 \Rightarrow (x - 3)^2 = 0 \Rightarrow x - 3 = 0 \Rightarrow x = 3 \Rightarrow V = \{3\}$

a) $x^2 - 14x + 49 = 0$

b) $3x^2 - 12x + 12 = 0$

c) $9x^2 - 12x + 4 = 0$

Resp: **46** a) $\{-3, 3, 5\}$ b) $\{0, 2, 3\}$ c) $\left\{0, \frac{3}{5}, \frac{7}{3}\right\}$ d) $\left\{0, -\frac{3}{2}, \frac{2}{3}\right\}$ e) $V = \{0, \sqrt{2}, \sqrt{5}, 3\sqrt{3}, 7\}$

47 a) $\{-3, -5\}$ b) $\{2, 5\}$ c) $\{-3, 5\}$ d) $\{2, 4\}$ e) $\{-4, -2\}$ f) $\{-2, 4\}$ g) $\{-4, 2\}$ h) $\{3, 7\}$ i) $\{-7, 3\}$

48 a) $\{-7, -5\}$ b) $\{3, 12\}$

51 Determine o valor de **x**. Economizar passagens. Observar os exemplos:

Exemplos:			
1) $x - 7 = 2$ $x = 9$	2) $2x - 8 = 0$ $x = 4$	3) $(3x - 12)^2 = 0$ $x = 4$	4) $(x + 2)(x - 3) = 0$ $x = -2$ ou $x = 3$

a) $2x - 10 = 0$ $x =$	$x - 8 = 2$ $x =$	$7 - x = 0$ $x =$	$x + 5 = 0$ $x =$
b) $8 + x = 0$	$2 - x = 0$	$3x - 2 = 0$	$5x - 3 = 0$
c) $7x - 21 = 0$	$8x - 32 = 0$	$3x + 21 = 0$	$(7x - 35)^2 = 0$
d) $(x - 3)(x - 7) = 0$	$(x - 5)^2 = 0$	$(2x + 10)^2 = 0$	$(3x - 6)(5x + 20) = 0$
e) $(18 - 2x)^2 = 0$	$(27 - 9x)^2 = 0$	$(2x - 5)^2 = 0$	$(3 - 2x)(5 - 3x) = 0$

52 Fatorar e em seguida determinar **x**.

a) $x^2 - 10x + 25 = 0$	$x^2 + 12x + 36 = 0$	$x^2 - 18x + 81 = 0$	$x^2 + 8x + 16 = 0$

52 b) $4x^2 - 12x + 9 = 0$	$25x^2 - 20x + 4 = 0$	$4x^2 + 28x + 49 = 0$	$49x^2 + 42x + 9 = 0$
c) $x^2 - 9x + 20 = 0$	$x^2 + 15x + 50 = 0$	$x^2 - 10x + 21 = 0$	$x^2 - 17x + 70 = 0$

Equação do 2º grau

Definição: Chamamos de equação do 2º grau a equação polinomial que pode ser reduzida à forma $ax^2 + bx + c = 0$, com $a \neq 0$. Nesta abordagem vamos considerar a, b e c sendo números reais.

3) Equação do 2º grau incompleta onde apenas c = 0

$$ax^2 + bx = 0 \text{ , com } a \neq 0 \text{ e } b \neq 0$$

Exemplos:

Esta equação tem uma raiz **nula** e a outra **não nula**.

1) $x^2 - 8x = 0$	2) $7x^2 - 14x = 0$	3) $2x^2 + 7x = 0$	4) $2x^2 - \sqrt{18}\,x = 0$
$x(x - 8) = 0$	$x^2 - 2x = 0$	$x(2x + 7) = 0$	$x(2x - 3\sqrt{2}) = 0$
	$x(x - 2) = 0$		
$S = \{0, 8\}$	$S = \{0, 2\}$	$S = \left\{0, -\frac{7}{2}\right\}$	$S = \left\{0, \frac{3\sqrt{2}}{2}\right\}$

Resp: **48** c) $\{-8, 3\}$ d) $\{4, 9\}$ e) $\{-7, 4\}$ f) $\{-8, 5\}$ **49** a) $\{-5\}$ b) $\{-2\}$ c) $\{-5\}$ d) $\{-4\}$ e) $\left\{-\frac{1}{3}\right\}$ f) $\left\{-\frac{3}{2}\right\}$ **50** a) $\{7\}$ b) $\{2\}$ c) $\left\{\frac{2}{3}\right\}$

53 Resolver as seguintes equações:

a) $x^2 + 10x = 0$	$x^2 - 4x = 0$	$3x^2 - 15x = 0$	$3x^2 - 5x = 0$
b) $3x^2 + \sqrt{2}\,x = 0$	$7x^2 - 49x = 0$	$9x^2 + 72x = 0$	$5x^2 - 25\sqrt{2}\,x = 0$

54 Resolver as equações:

a) $(3x - 4)(2x + 3) = 5x - 12$

b) $(3x - 2)^2 = (x - 3)^2 + 5(2x - 1)$

c) $(3x - 5)^2 = (2x + 5)^2 - 30x$

d) $(4 - 3x)(4 + 3x) = (4 - 5x)^2 - 11x$

4) Equação do 2º grau incompleta onde apenas b = 0

$$ax^2 + c = 0 \text{ , com } a \neq 0 \text{ e } c \neq 0$$

Se **a** e **c** têm sinais iguais, esta equação **não tem raízes reais**.

Se **a** e **c** têm sinais diferentes, esta equação **tem raízes opostas**.

Exemplos:

1) $2x^2 - 18 = 0$	2) $x^2 - 49 = 0$	3) $x^2 + 9 = 0$	4) $x^2 - 20 = 0$
$x^2 = 9$	$x = \pm 7$	$x^2 = -9$	$x^2 = 20$
$x = \pm\sqrt{9}$		$x = \pm\sqrt{-9}$	$x = \pm\sqrt{20}$
$x = \pm 3$		$x \notin R$	$x = \pm 2\sqrt{5}$
$V = \{\pm 3\}$	$V = \{\pm 7\}$	$V = \varnothing$	$V = \{\pm 2\sqrt{5}\}$

55 Resolver as equações:

a) $5x^2 - 45 = 0$ $\qquad 4x^2 - 9 = 0$ $\qquad 5x^2 + 10 = 0$ $\qquad x^2 - 2 = 0$

b) $2x^2 - 24 = 0$ $\qquad 5x^2 - 80 = 0$ $\qquad 5x^2 - 90 = 0$ $\qquad 8 - 9x^2 = 0$

c) $3x^2 - 60 = 0$ $\qquad 7x^2 - 84 = 0$ $\qquad 16x^2 - 75 = 0$ $\qquad 2x^2 - 5 = 0$

Resp: **51** a) 5, 10, 7, – 5 b) – 8, 2, $\frac{2}{3}$, $\frac{3}{5}$ c) 3, 4, – 7, 5 d) $3 \vee 7$, $5, -5$, $2 \vee -4$ e) 9, 3, $\frac{5}{2}$, $\frac{3}{2} \vee \frac{5}{3}$

52 a) 5, – 6, 9, – 4 b) $\frac{3}{2}$, $\frac{2}{5}$, $-\frac{7}{2}$, $-\frac{3}{7}$ c) $4 \vee 5$, $-5 \vee -10$, $3 \vee 7$, $7 \vee 10$

56 Resolver as equações:

a) $(3x + 2)^2 - 55 = (2x + 3)^2$

b) $(5x - 7)(5x + 7) - 6(4x - 3) = (4x - 3)^2$

c) $(3x - 5)^2 - (2x + 3)^2 = 14(2 - 3x)$

d) $14x^2 - (2x - 3)(3x + 5) = 16 - x$

57 Resolver as equações:

a) $(2x - 1)(3x + 4) = (3x + 2)^2 - 8$

b) $34 - (3x - 5)^2 - (x - 2)^2 - 34x = 0$

c) $2(3 - 2x)^2 = (x + 5)(x - 5) + 43$

d) $(3x - 1)(3x + 1) - 2(x - 2)^2 = 4x(x + 2)$

58 Resolver as seguintes equações:

a) $\frac{2x^2}{3} - \frac{4x-1}{4} - \frac{3x-1}{2} = \frac{3}{4}$

b) $\frac{3x}{2} - \frac{x-8x^2}{6} - \frac{4x}{3} = \frac{3}{2}$

c) $(6x - 13)^2 = 25$

d) $3(7x - 25)^2 - 2(7x - 25) = 0$

e) $2(3x - 15)^2 - 3(3x - 15) = 0$

f) $7(4x - 21)^2 - 343 = 0$

g) $2(x^2 - 7x + 12)^2 - 84(x^2 - 7x + 12) = 0$

Resp: **53** a) $\{0, -10\}$, $\{0, 4\}$, $\{0, 5\}$, $\left\{0, \frac{5}{3}\right\}$ b) $\left\{0, -\frac{\sqrt{2}}{3}\right\}$, $\{0, 7\}$, $\{0, -8\}$, $\{0, 5\sqrt{2}\}$ c) $\{0, 4\}$ d) $\left\{0, \frac{3}{2}\right\}$

54 a) $\left\{0, \frac{2}{3}\right\}$ b) $\{0, 2\}$

55 a) $\{\pm 3\}$, $\left\{\pm \frac{3}{2}\right\}$, $\varnothing$, $\{\pm \sqrt{2}\}$ b) $\{\pm 2\sqrt{3}\}$, $\{\pm 4\}$, $\{\pm 3\sqrt{2}\}$, $\left\{\pm \frac{2\sqrt{2}}{3}\right\}$ c) $\{\pm 2\sqrt{5}\}$, $\{\pm 2\sqrt{3}\}$, $\left\{\pm \frac{5\sqrt{3}}{4}\right\}$, $\left\{\pm \frac{\sqrt{10}}{2}\right\}$

5) Equação do 2º grau completa

$ax^2 + bx + c = 0$, com $a \neq 0$, $b \neq 0$ e $c \neq 0$

59 Dados a, b e c, determinar o número $\Delta = b^2 - 4ac$, nos casos:

(Δ é a letra grega maiúscula chamada delta).

a) $a = 2$, $b = 4$, $c = 1$ $\Delta = b^2 - 4ac$ $\Delta = (\quad)^2 - 4(\quad)(\quad)$ $\Delta =$	$a = 3$, $b = 6$, $c = -2$	$a = 1$, $b = -7$, $c = -2$
b) $a = 3$, $b = 7$, $c = 3$ $\Delta = (\quad)^2 - 4(\quad)(\quad)$ $\Delta =$	$a = 1$, $b = -4$, $c = -1$	$a = 5$, $b = 4$, $c = -2$
c) $a = 3$, $b = 4$, $c = -3$ $\Delta = \qquad\qquad =$	$a = 2$, $b = -2$, $c = -1$	$a = 7$, $b = -3$, $c = 2$
d) $a = 3$, $b = 2m$, $c = 3m^2$	$a = 4m^2$, $b = -3m$, $c = -1$	$a = 2n$, $b = -3n$, $c = -n$

60 Escrever na forma $ax^2 + bx + c = 0$, com $a > 0$ e a , b e c primos entre si, e em seguida determinar os valores de a, b e c, as seguintes equações:

a) $8x^2 + 4x - 6 = 0$	$16x^2 - 24x + 8 = 0$	$-5x^2 - 7x + 2 = 0$
b) $-6x^2 + 9x + 3 = 0$	$-15x^2 - 5x + 25 = 0$	$-8x^2 + 4x - 16 = 0$

c) $3x^2 - 7x + 8 = 17x^2 + 7x - 27$	$-4x^2 - x + 6 = 11x^2 - 6x + 46$

Resp:

56 a) $\{\pm 2\sqrt{3}\}$ b) $\left\{\pm \frac{2\sqrt{10}}{3}\right\}$ c) $\left\{\pm \frac{2\sqrt{15}}{5}\right\}$ d) $\left\{\pm \frac{\sqrt{2}}{4}\right\}$

57 a) $\left\{0, -\frac{7}{3}\right\}$ b) $\left\{\pm \frac{\sqrt{2}}{2}\right\}$ c) $\left\{0, \frac{24}{7}\right\}$ d) $\{\pm \sqrt{3}\}$

58 a) $\left\{0, \frac{5}{4}\right\}$ b) $\left\{\pm \frac{3\sqrt{2}}{4}\right\}$ c) $\left\{3, \frac{4}{3}\right\}$ d) $\left\{\frac{11}{3}, \frac{25}{7}\right\}$ e) $\left\{5, \frac{11}{2}\right\}$ f) $\left\{7, \frac{7}{2}\right\}$ g) $\{-3, 3, 4, 10\}$

61 Em cada caso é dada uma equação do 2º grau com a > 0 e a, b e c primos entre si. Observando os valores de a, b e c, determinar o discriminante da equação dada.

Discriminante da equação $ax^2 + bx + c = 0$ é $\Delta = b^2 - 4ac$.

a) $3x^2 - 5x - 2 = 0$ $\Delta = b^2 - 4ac$	$5x^2 - 8x + 2 = 0$
b) $4x^2 - 4x + 1 = 0$	$9x^2 - 12x + 4 = 0$
c) $3x^2 - x - 4 = 0$	$6x^2 + 7x - 5 = 0$
d) $6x^2 - 11x - 7 = 0$	$8x^2 + 2x - 15 = 0$

62 Simplificar o valor de x nos casos:

a) $x = \frac{6+8}{2}$	$x = \frac{-6+10}{2}$	$x = \frac{8-20}{4}$	$x = \frac{-2-22}{6}$
b) $x = \frac{-6+18}{8}$	$x = \frac{8-26}{12}$	$x = \frac{-3+24}{14}$	$x = \frac{-6-29}{42}$
c) $x = \frac{8-\sqrt{12}}{4}$	$x = \frac{-10+\sqrt{50}}{10}$	$x = \frac{-8-\sqrt{48}}{12}$	$x = \frac{-9-\sqrt{108}}{6}$
d) $x = \frac{4-\sqrt{20}}{6}$	$x = \frac{-9-\sqrt{72}}{6}$	$x = \frac{15-\sqrt{200}}{10}$	$x = \frac{18-\sqrt{288}}{24}$
e) $x = \frac{14-\sqrt{98}}{21}$	$x = \frac{27+\sqrt{162}}{45}$	$x = \frac{44-\sqrt{192}}{36}$	$x = \frac{35-\sqrt{147}}{28}$

Observar os seguintes exemplos de resoluções de equações de 2º grau completas, aplicando a fórmula de Báskara.

1) $2x^2 + 3x - 2 = 0$ **outro modo**: $2x^2 + 3x - 2 = 0$

$x = \frac{-b \pm \sqrt{b^2 - 4ac}}{2a}$ $\Delta = b^2 - 4ac \,, x = \frac{-b \pm \sqrt{\Delta}}{2a}$

$x = \frac{-3 \pm \sqrt{9+16}}{2 \cdot 2}$ $\Delta = 9 + 16 = 25$

$x = \frac{-3 \pm 5}{4}$ $x = \frac{-3 \pm 5}{2 \cdot 2}$

$x = \frac{-8}{4}$ ou $x = \frac{2}{4} \Rightarrow V = \left\{-2, \frac{1}{2}\right\}$ $x = \frac{-8}{4}$ ou $x = \frac{2}{4} \Rightarrow V = \left\{-2, \frac{1}{2}\right\}$

2) $3x^2 - 8x - 3 = 0$ **outro modo**: $3x^2 - 8x - 3 = 0$

$x = \frac{-b \pm \sqrt{b^2 - 4ac}}{2a}$ $\Delta = b^2 - 4ac \,, x = \frac{-b \pm \sqrt{\Delta}}{2a}$

$x = \frac{+8 \pm \sqrt{64+36}}{2 \cdot 3}$ $\Delta = 64 + 36 = 100$

$x = \frac{8 \pm 10}{6}$ $x = \frac{8 \pm 10}{2 \cdot 3}$

$x = \frac{-2}{6}$ ou $x = \frac{18}{6} \Rightarrow V = \left\{-\frac{1}{3}, 3\right\}$ $x = \frac{-2}{6}$ ou $x = \frac{18}{6} \Rightarrow V = \left\{-\frac{1}{3}, 3\right\}$

3) $3x^2 - 6x + 1 = 0$ **outro modo**: $3x^2 - 6x + 1 = 0$

$x = \frac{-b \pm \sqrt{b^2 - 4ac}}{2a}$ $\Delta = b^2 - 4ac \,, x = \frac{-b \pm \sqrt{\Delta}}{2a}$

$x = \frac{6 \pm \sqrt{36-12}}{2 \cdot 3} = \frac{6 \pm \sqrt{24}}{6}$ $\Delta = 36 - 12 = 24 = 4 \cdot 6$

$x = \frac{6 \pm 2\sqrt{6}}{6} = \frac{2(3 \pm \sqrt{6})}{6}$ $x = \frac{6 \pm 2\sqrt{6}}{2 \cdot 3} = \frac{2(3 \pm \sqrt{6})}{6}$

$x = \frac{3 \pm \sqrt{6}}{3} \Rightarrow V = \left\{\frac{3-\sqrt{6}}{3}, \frac{3-\sqrt{6}}{3}\right\}$ $x = \frac{3 \pm \sqrt{6}}{3} \Rightarrow V = \left\{\frac{3-\sqrt{6}}{3}, \frac{3-\sqrt{6}}{3}\right\}$

Resp: **59** a) 8, 60, 57 b) 13, 20, 56 c) 52, 12, – 47 d) $-32m^2, 25m^2, 17n^2$

60 a) a = 4, b = 2 , c = – 3 ; a = 2 , b = – 3 , c = 1 ; a = 5 , b = 7 , c = – 2 b) a = 2 , b = – 3 , c = – 1 ; a = 3 , b = 1 , c = – 5 ; a = 2 , b = – 1 , c = 4 c) a = 2 , b = 2 , c = – 5 ; a = 3 , b = – 1 , c = 8

63 Resolver as seguintes equações do 2º grau, aplicando Báskara.

$$\left(x = \frac{-b \pm \sqrt{b^2 - 4ac}}{2a} \quad \text{ou} \quad \Delta = b^2 - 4ac,\ x = \frac{-b \pm \sqrt{\Delta}}{2a}\right)$$

a) $5x^2 - 7x + 2 = 0$

b) $3x^2 - 11x + 6 = 0$

c) $6x^2 - x - 2 = 0$

d) $5x^2 + 17x + 6 = 0$

e) $12x^2 - 16x + 5 = 0$

f) $9x^2 - 12x + 4 = 0$

g) $5x^2 - 4x + 1 = 0$

h) $6x^2 - 11x - 10 = 0$

i) $21x^2 + 8x - 4 = 0$

j) $15x^2 + 8x - 16 = 0$

64 Resolver as seguintes equações, aplicando Báskara.

$$\left(x = \frac{-b \pm \sqrt{b^2 - 4ac}}{2a} \quad \text{ou} \quad x = \frac{-b \pm \sqrt{\Delta}}{2a}\ ,\ \Delta = b^2 - 4ac\right)$$

a) $3x^2 - 10x - 8 = 0$

b) $4x^2 + 13x - 12 = 0$

c) $4x^2 + 20x + 25 = 0$

d) $6x^2 - x - 15 = 0$

e) $7x^2 - 6x + 2 = 0$

f) $15x^2 + 8x - 7 = 0$

g) $18x^2 + 9x - 20 = 0$

h) $20x^2 - 17x - 10 = 0$

Resp: **61** a) 49, 24 b) 0, 0 c) 49, 169 d) 289, 484

c) $\frac{4-\sqrt{3}}{2}, \frac{-2+\sqrt{2}}{2}, \frac{-2-\sqrt{3}}{3}, \frac{-3-2\sqrt{3}}{2}$

e) $\frac{2-\sqrt{2}}{3}, \frac{3+\sqrt{2}}{5}, \frac{11-2\sqrt{3}}{9}, \frac{5-\sqrt{3}}{4}$

62 a) 7, 2, – 3, – 4 b) $\frac{3}{2}, -\frac{3}{2}, \frac{3}{2}, -\frac{5}{6}$

d) $\frac{2-\sqrt{5}}{3}, \frac{-3-2\sqrt{2}}{2}, \frac{3-2\sqrt{2}}{2}, \frac{3-2\sqrt{2}}{4}$

65 Resolver as seguintes equações, aplicando Báskara.

$$\left(x = \frac{-b \pm \sqrt{b^2 - 4ac}}{2a} \quad \text{ou} \quad x = \frac{-b \pm \sqrt{\Delta}}{2a}, \quad \Delta = b^2 - 4ac\right)$$

a) $x^2 - 6x + 7 = 0$

b) $2x^2 - 6x + 3 = 0$

c) $x^2 + 6x + 4 = 0$

d) $2x^2 + 10x + 9 = 0$

e) $4x^2 - 2x - 1 = 0$

f) $3x^2 + 6x - 1 = 0$

g) $9x^2 + 12x - 1 = 0$

h) $4x^2 - 20x + 13 = 0$

66 Resolver as seguintes equações:

$$\left(x = \frac{-b \pm \sqrt{b^2 - 4ac}}{2a} \quad \text{ou} \quad x = \frac{-b \pm \sqrt{\Delta}}{2a}\ ,\ \Delta = b^2 - 4ac\right)$$

a) $2x^2 - 7\sqrt{3}\,x + 18 = 0$

b) $6x^2 + \sqrt{5}\,x - 10 = 0$

c) $12x^2 - 5\sqrt{2}\,x - 4 = 0$

d) $6x^2 - 5\sqrt{3}\,x - 18 = 0$

67 Resolver as seguintes equações:

a) $14x^2 - 35x - 21 = 0$

b) $-18x^2 - 3x + 36 = 0$

c) $5x^2 - 11x - 9 = x - 13 - 4x^2$

d) $25x^2 - 8x - 58 = x^2 - 62x - 4$

Resp: **63** a) $\left\{\frac{2}{5}, 1\right\}$ b) $\left\{\frac{2}{3}, 3\right\}$ c) $\left\{-\frac{1}{2}, \frac{2}{3}\right\}$ d) $\left\{-3, -\frac{2}{5}\right\}$ e) $\left\{\frac{1}{2}, \frac{5}{6}\right\}$ f) $\left\{\frac{2}{3}\right\}$ g) $\emptyset$ h) $\left\{-\frac{2}{3}, \frac{5}{2}\right\}$ i) $\left\{-\frac{2}{3}, \frac{2}{7}\right\}$ j) $\left\{-\frac{4}{3}, \frac{4}{5}\right\}$

64 a) $\left\{-\frac{2}{3}, 4\right\}$ b) $\left\{-4, \frac{3}{4}\right\}$ c) $\left\{-\frac{5}{2}\right\}$ d) $\left\{-\frac{3}{2}, \frac{5}{3}\right\}$ e) $\emptyset$ f) $\left\{-1, \frac{7}{15}\right\}$ g) $\left\{-\frac{4}{3}, \frac{5}{6}\right\}$ h) $\left\{-\frac{2}{5}, \frac{5}{4}\right\}$

IV CÁLCULO ALGÉBRICO (Revisão e complementos)

Fatoração

1º caso **Fator comum em evidência**

$$ax + ay = a(x + y)$$

Exemplos:

1) $5x^2 - 15xy =$
$5x(x - 3y)$

2) $a^2 - 4ab + a =$
$a(a - 4b + 1)$

3) $2(x + y)(x - y) - 3(x - y) =$
$(x - y)[(2(x + y) - 3] = (x - y)(2x + 2y - 3)$

68 Fatorar as seguintes expressões:

a) $16x^2 - 24xy =$

b) $5x^2 - 15xy - 30x =$

c) $14a + 35b - 21 =$

d) $7a^2 - 5ab - a =$

e) $12x^2y - 20xy^2 - 16xy =$

f) $2(x + y)^2 - 3(x + y) =$

2º caso **Diferença de quadrados**

$$a^2 - b^2 = (a + b)(a - b)$$

Exemplos:

1) $4x^2 - 9 = (2x + 3)(2x - 3)$

2) $4x^2 - 3 = (2x + \sqrt{3})(2x - \sqrt{3})$

3) $2x^3 - 18xy^2 = 2x(x^2 - 9y^2) =$
$= 2x(x + 3y)(x - 3y)$

4) $x^4 - 1 = (x^2 + 1)(x^2 - 1) =$
$= (x^2 + 1)(x + 1)(x - 1)$

69 Fatorar:

a) $36x^2 - 49 =$

b) $49x^2 - 169 =$

c) $9x^2 - 1 =$

d) $25 - x^2 =$

e) $9x^2 - 5 =$

f) $81x^2 - 20 =$

g) $150x^3y - 24xy^3 =$

h) $80x^4 - 45x^2 =$

i) $36x^4 - 8x^2 =$

j) $45x^4 - 9x^2 =$

k) $x^4 - y^4 =$

l) $x^4 - 9 =$

3º caso **Trinômio quadrado perfeito**

$$x^2 + 2xy + y^2 = (x + y)^2 \quad \text{e} \quad x^2 - 2xy + y^2 = (x - y)^2$$

Note que $(x + y)^2 = (-x - y)^2$ e $(x - y)^2 = (y - x)^2$

Exemplos:

1) $x^2 + 6xy + 9y^2 = (x + 3y)^2$

2) $x^3 + 10x^2y + 25xy^2 =$
$x(x^2 + 10xy + 25y^2) = x(x + 5y)^2$

2) $4x^2 - 12xy^2 + 9y^2 = (2x - 3y)^2$

4) $16x^4 - 24x^2 + 9 = (4x^2 - 3)^2 =$
$[(2x + \sqrt{3})(2x - \sqrt{3})]^2 = (2x + \sqrt{3})^2(2x - \sqrt{3})^2$

70 Fatorar as seguintes expressões:

a) $9x^2 + 30x + 25 =$

b) $25x^2 - 20x + 4 =$

c) $x^2 - 10xy + 25y^2 =$

d) $36a^2 + 12a^2 + 1 =$

e) $1 + 18x + 81x^2 =$

f) $4 - 28y + 49y^2 =$

g) $a^2 + b^2 + 2ab =$

h) $4ab + 4a^2 + b^2 =$

i) $9x^2 + 16y^2 + 24xy =$

j) $25x^2 + 16y^2 - 40xy =$

k) $x^2 + 2\sqrt{3}\,x + 3 =$

l) $12a^2 - 20\sqrt{3}\,a + 25 =$

71 Fatorar:

a) $4x^3 - 28x^2y + 49xy^2$

b) $4x^2y + 24xy^2 + 36y^3$

c) $48x^3y - 24x^2y^2 + 3xy^3$

d) $72x^4 + 480x^3 + 800x^2$

e) $16x^4 - 72x^2y^2 + 81y^4$

f) $625x^4 - 300x^2 + 36$

g) $4x^5y - 32x^3y^3 + 64xy^5$

h) $4x^6 - 24x^4y^2 + 36x^2y^4$

Resp: **65** a) $\{3 \pm \sqrt{2}\}$ b) $\left\{\frac{3 \pm \sqrt{3}}{2}\right\}$ c) $\{-3 \pm \sqrt{5}\}$ d) $\left\{\frac{-5 \pm \sqrt{7}}{2}\right\}$ e) $\left\{\frac{1 \pm \sqrt{5}}{4}\right\}$ f) $\left\{\frac{-3 \pm 2\sqrt{3}}{3}\right\}$ g) $\left\{\frac{-2 \pm \sqrt{5}}{3}\right\}$ h) $\left\{\frac{5 \pm 2\sqrt{3}}{2}\right\}$

66 a) $\left\{\frac{3\sqrt{3}}{2}, 2\sqrt{3}\right\}$ b) $\left\{-\frac{2\sqrt{5}}{3}, \frac{\sqrt{5}}{2}\right\}$ c) $\left\{-\frac{\sqrt{2}}{4}, \frac{2\sqrt{2}}{3}\right\}$ d) $\left\{-\frac{2\sqrt{3}}{3}, \frac{3\sqrt{3}}{2}\right\}$

67 a) $\left\{-\frac{1}{2}, 3\right\}$ b) $\left\{-\frac{3}{2}, \frac{4}{3}\right\}$ c) $\left\{\frac{2}{3}\right\}$ d) $\left\{-3, \frac{3}{4}\right\}$

4º caso **Trinômio do tipo $x^2 + Sx + P$**

$$x^2 + (a + b)x + ab = (x + a)(x + b)$$

Exemplos:

1) $x^2 + 9x + 14 = (x + 2)(x + 7)$
2) $x^2 - 5x + 6 = (x - 2)(x - 3)$
3) $x^2 + 3x - 10 = (x + 5)(x - 2)$
4) $x^2 - 3x - 10 = (x - 5)(x + 2)$

72 Fatorar as seguintes expressões:

a) $x^2 + 10x + 21 =$

b) $x^2 + 10x + 9 =$

c) $x^2 - 6x + 8 =$

d) $x^2 - 6x - 7 =$

e) $x^2 + x - 20 =$

f) $x^2 - x - 20 =$

g) $x^2 - x - 56 =$

h) $y^2 - 2y - 63 =$

i) $a^2 - 3a - 41 \cdot 38 =$

j) $a^2 + 7x - 34 \cdot 41 =$

73 Fatorar:

a) $x^2 - 7xy + 10y^2 =$

b) $x^2 - 5ax - 24a^2 =$

c) $y^2 - 2my - 24m^2 =$

d) $a^2 + 3ab - 28b^2 =$

e) $21y^2 + 10xy + x^2 =$

f) $15x^2 - 8xy + y^2 =$

g) $y^2 - 6xy - 27x^2 =$

h) $1 - 9x + 20x^2 =$

i) $1 - 5x - 24x^2 =$

j) $18x^2 - 11x + 1 =$

74 Fatorar:

a) $x^4 - 5x^2 + 4$

b) $x^4 - 5x^2 - 36$

c) $x^4 - 4x^2 + 3$

d) $x^4 - 3x^2 - 108$

e) $x^3 - 15x^2 - 16x$

f) $3x^5 - 36x^3 - 192x$

g) $3x^3y + 27x^2y^2 - 66xy^3$

h) $4x^6y + 12x^4y^3 - 16x^2y^5$

5º caso Agrupamento

$$\underbrace{ax + ay} + \underbrace{bx + by} = a\underbrace{(x + y)} + b\underbrace{(x + y)} = (x + y)(a + b)$$

Exemplos:

1) $2ax - 3ay + 4bx - 6by =$
$a(2x - 3y) + 2b(2x - 3y) =$
$(2x - 3y)(a + 2b)$

2) $2a^3 - a^2 - 2a + 1 =$
$a^2(2a - 1) - 1(2a - 1) =$
$(2a - 1)(a^2 - 1) = (2a - 1)(a + 1)(a - 1)$

75 Fatorar as seguintes expressões:

a) $6ax + 3ay + 2bx + by$

b) $2ax - 4ay - 3bx + 6by$

c) $8x^2 - 4xy + 6ax - 3ay$

d) $3x^2y - 9xy^2 - 4ax + 12ay$

e) $a^2 + bx + ax + ab$

f) $x^2 - 14ay + 7xy - 2ax$

g) $6ax + 4bx - 9ay - 6by - 21a - 14b$

h) $6ax - 9bx - 12x - 4ay + 6by + 8y$

i) $18a^2x - 12a^2y - 27ax + 18ay$

j) $24x^4 - 36x^3 - 16x^3y + 24x^2y$

k) $12x^4 - 48x^2 - 9x^3y + 36xy$

l) $2x^3 - 3x^2y - 16x^2 + 24xy + 14x - 21y$

Resp:

68 a) $8x(2x - 3y)$ b) $5x(x - 3y - 6)$ c) $7(2a + 5b - 3)$ d) $a(7a - 5b - 1)$ e) $4xy(3x - 5y - 4)$ f) $(x + y)(2x + 2y - 3)$

69 a) $(6x + 7)(6x - 7)$ b) $(7x + 13)(7x - 13)$ c) $(3x + 1)(3x - 1)$ d) $(5 - x)(5 + x)$ e) $(3x + \sqrt{5})(3x - \sqrt{5})$ f) $(9x + 2\sqrt{5})(9x - 2\sqrt{5})$ g) $6xy(5x + 2y)(5x - 2y)$ h) $5x^2(4x + 3)(4x - 3)$ i) $4x^2(3x + \sqrt{2})(3x - \sqrt{2})$ j) $9x^2(\sqrt{5}x + 1)(\sqrt{5}x - 1)$ k) $(x^2 + y^2)(x + y)(x - y)$ l) $(x^2 + 3)(x + \sqrt{3})(x - \sqrt{3})$

70 a) $(3x + 5)^2$ b) $(5x - 2)^2$ c) $(x - 5y)^2$ d) $(6a + 1)^2$ e) $(9x + 1)^2$ f) $(7y - 2)^2$ g) $(a + b)^2$ h) $(2a + b)^2$ i) $(3x + 4y)^2$ j) $(5x - 4y)^2$ k) $(x + \sqrt{3})^2$ l) $(2\sqrt{3}a - 5)^2$

71 a) $x(2x - 7y)^2$ b) $4y(x + 3y)^2$ c) $3xy(4x - y)^2$ d) $8x^2(3x + 10)^2$ e) $(2x + 3y)^2(2x - 3y)^2$ f) $(5x + \sqrt{6})^2(5x - \sqrt{6})^2$ g) $4xy(x + 2y)^2(x - 2y)^2$ h) $4x^2(x + \sqrt{3}y)^2(x - \sqrt{3}y)^2$

76 Resolver, fatorando antes, as seguintes equações:

a) **Exemplo**: $x^2 - 8x + 15 = 0$

$(x - 3)(x - 5) = 0$

$x = 3$ ou $x = 5$

$V = \{3, 5\}$

b) $x^2 + 13x + 36 = 0$

c) $x^2 - 5x - 36 = 0$

d) $x^2 + 7x - 44 = 0$

e) $1 + 9x + 14x^2 = 0$

f) $1 - 3x - 28x^2 = 0$

g) $2x^3 - 2x^2 - 24x = 0$

h) $3x^4 - 24x^3 + 21x^2 = 0$

i) $5x - 5x^2 - 100x^3 = 0$

j) $7x + 56x^2 - 455x^2 = 0$

Frações algébricas

Simplificação

Divide-se o numerador e denominador por fatores comuns. Então, quando eles não estão fatorados, devemos primeiramente fatorá-los.

Exemplos:

1) $\frac{4x^3y}{6xy^4} = \frac{2x^2}{3y^3}$

2) $\frac{x(2x + y)}{(2x + y)^2} = \frac{x}{2x + y}$

3) $\frac{x^2 + xy}{x^2 - y^2} = \frac{x(x + y)}{(x + y)(x - y)} = \frac{x}{x - y}$

77 Simplificar as seguintes frações:

a) $\dfrac{3xy}{2yz} =$

b) $\dfrac{12a^2b^3}{8a^5b} =$

c) $\dfrac{34xy}{51x^5} =$

d) $\dfrac{a(a+b)}{b(a+b)} =$

e) $\dfrac{a^2b(a-b)}{ab^2(a+b)} =$

f) $\dfrac{(x+y)(x-y)}{(x-y)^2} =$

g) $\dfrac{x^2-xy}{x^2-y^2} =$

h) $\dfrac{x^2-9}{2x^2-6x} =$

i) $\dfrac{4x^2-20x+25}{8x^2-20x} =$

j) $\dfrac{x^2-7x+10}{x^2+3x-10} =$

k) $\dfrac{x^2-x-30}{4x^2+20x} =$

l) $\dfrac{x^2-2x-15}{x^3+27} =$

m) $\dfrac{x^2-9xy-36y^2}{x^2+6xy+9y^2} =$

n) $\dfrac{x^3-8y^3}{x^2+10xy-24y^2} =$

o) $\dfrac{12x^2y+8xy^2}{9x^2+12xy+4y^2} =$

p) $\dfrac{2x^2+4ax+3xy+6ay}{x-5ax-14a^2} =$

q) $\dfrac{6x^2-4bx-3ax+2ab}{6xy-2ax-3ay+a^2} =$

r) $\dfrac{2x^3+3x^2+8x+12}{2x^3+3x^2-8x-12} =$

Resp: **72** a) $(x+3)(x+7)$ b) $(x+1)(x+9)$ c) $(x-2)(x-4)$ d) $(x-7)(x+1)$ e) $(x+5)(x-4)$ f) $(x-5)(x+4)$ g) $(x-8)(x+7)$ h) $(y-9)(y+7)$ i) $(a-41)(a+38)$ j) $(a+41)(a-34)$

73 a) $(x-2y)(x-5y)$ b) $(x-8a)(x+3a)$ c) $(y-6m)(y+4m)$ d) $(a+7b)(a-4b)$ e) $(x+3y)(x+7y)$ f) $(y-3x)(y-5x)$ g) $(y-9x)(y+3x)$ h) $(1-4x)(1-5x)$ i) $(1-8x)(1+3x)$ j) $(1-2x)(1-9x) = (2x-1)(9x-1)$

74 a) $(x+1)(x-1)(x+2)(x-2)$ b) $(x^2+4)(x+3)(x-3)$ c) $(x+1)(x-1)(x+\sqrt{3})(x-\sqrt{3})$ d) $(x^2+9)(x+2\sqrt{3})(x-2\sqrt{3})$ e) $x(x-16)(x+1)$ f) $3x(x^2+4)(x+4)(x-4)$ g) $3xy(x-2y)(x+11y)$ h) $4x^2y(x^2+4y^2)(x+y)(x-y)$

75 a) $(2x+y)(3a+b)$ b) $(x-2y)(2a-3b)$ c) $(2x-y)(4x+3a)$ d) $(x-3y)(3xy-4a)$ e) $(a+x)(a+b)$ f) $(x+7y)(x-2a)$ g) $(3a+2b)(2x-3y-7)$ h) $(2a-3b-4)(3x-2y)$ i) $3a(3x-2y)(2a-3)$ j) $4x^2(2x-3)(3x-2y)$ k) $3x(x+2)(x-2)(4x-3y)$ l) $(2x-3y)(x-1)(x-7)$

Multiplicação

A multiplicação é feita de acordo com a propriedade $\frac{a}{b} \cdot \frac{c}{d} = \frac{ac}{bc}$.

Antes de efetuar a multiplicação é conveniente, se possível, efetuar simplificações.

Exemplos:

1) $\frac{2x}{3y} \cdot \frac{4x}{9y} = \frac{8x^2}{27y^2}$

2) $\frac{4x^4}{6y^3} \cdot \frac{9y^5}{8ax} = \frac{x^3}{2} \cdot \frac{3y^2}{2a} = \frac{3x^3y^2}{4a}$

3) $\frac{2x^2 - 2xy}{3xy + 3y^2} \cdot \frac{x^2 + 2xy + y^2}{x^2 - 2xy + y^2} = \frac{2x(x-y)}{3y(x+y)} \cdot \frac{(x+y)^2}{(x-y)^2} = \frac{2x}{3y} \cdot \frac{x+y}{x-y} = \frac{2x^2 + 2xy}{3xy - 3y^2}$

78 Efetuar as seguintes multiplicações (simplificar antes, se possível):

a) $\frac{2x}{5} \cdot \frac{3x}{y^2} \cdot \frac{2x^3}{7y} =$

b) $\frac{2x}{x-y} \cdot \frac{x+y}{3y} =$

c) $\frac{x^2 - 4}{8x^2 - 16x} \cdot \frac{3x^2 + 9x}{4xy + 12y}$

d) $\frac{4x^2 + 12x}{2xy + 6y} \cdot \frac{14x^2 + 21x}{x^2 + 6x + 9}$

e) $\frac{8x^3 - 27}{12x^2 - 8x} \cdot \frac{9x^2 - 12x + 4}{8x^3 + 12x^2 + 18x}$

f) $\frac{x^2 + xy - 6y^2}{x^2 + ax - 2xy - 2ay} \cdot \frac{3x^2 + 3ax}{x^2 + 6xy + 9y^2}$

g) $\frac{3x^2 + 3xy + 2ax + 2ay}{3x^2 - 9xy - 2ax + 6ay} \cdot \frac{x^2 + 4xy - 21y^2}{9x^2 + 12ax + 4a^2} \cdot \frac{4xy + 6ay}{4x^2y + 28xy^2} \cdot \frac{18x^3 - 8a^2x}{2x^2 + 2xy - 3ax - 3ay}$

Divisão

A divisão é feita de acordo com a propriedade $\frac{a}{b} : \frac{c}{d} = \frac{a}{b} \cdot \frac{d}{c}$

Então, transformamos a divisão em multiplicação

Exemplos:

1) $\frac{2x}{3y} : \frac{6y}{5x^2} = \frac{2x}{3y} \cdot \frac{5x^2}{6y} = \frac{10x^3}{18y^2}$

2) $\frac{6x^3}{5y} : \frac{4x^5}{15y^4} = \frac{6x^3}{5y} \cdot \frac{15y^4}{4x^5} = \frac{3}{1} \cdot \frac{3y^3}{2x^2} = \frac{9y^3}{2x^2}$

3) $\frac{x^2 + x - 2}{x^2 - 3x + 2} : \frac{xy + 2y}{x^2 - 2x} = \frac{(x+2)(x-1)}{(x-2)(x-1)} \cdot \frac{x(x-2)}{y(x+2)} = \frac{x}{y}$

79 Efetuar a divisão, nos casos:

a) $\frac{3x}{y} : \frac{5y^2}{2x}$

b) $\frac{5a}{2b} : \frac{15b}{4a}$

c) $\frac{12x^2}{35y^3} : \frac{16x^3}{63y^4}$

d) $\frac{2a^3}{6b} : \frac{5a}{15b}$

e) $\frac{8a^3 - b^3}{16a^3 + 8a^2b + 4ab^2} : \frac{4a^2 - b^2}{4a^2 + 4ab + b^2}$

f) $\frac{a^4 - b^2}{a^2x + ab + a^3 + bx} : \frac{4a^3b - 4ab^2}{x^2 - a^2}$

g) $\left(\frac{2x^2 - 2ax - x + a}{x^2 - 16a^2} : \frac{8x^3 + 1}{x^2 - 4ax - 32a^2}\right) : \left(\frac{4x^2 - 4x + 1}{2x^2 + 2ax - x - a} : \frac{2x^2 + x - 8ax - 4a}{x^2 - 7ax - 8a^2}\right)$

Resp: **76** a) $\{3, 5\}$ b) $\{-9, -4\}$ c) $\{-4, 9\}$ d) $\{-11, 4\}$ e) $\left\{-\frac{1}{2}, -\frac{1}{7}\right\}$ f) $\left\{-\frac{1}{4}, \frac{1}{7}\right\}$ g) $\{-3, 0, 4\}$ h) $\{0, 1, 7\}$ i) $\left\{-\frac{1}{4}, 0, \frac{1}{5}\right\}$ j) $\left\{-\frac{1}{13}, 0, \frac{1}{5}\right\}$

77 a) $\frac{3x}{2z}$ b) $\frac{3b^2}{2a^3}$ c) $\frac{2y}{3x^4}$ d) $\frac{a}{b}$ e) $\frac{a(a-b)}{b(a+b)}$ f) $\frac{x+y}{x-y}$ g) $\frac{x}{x+y}$ h) $\frac{x+3}{2x}$ i) $\frac{2x-5}{4x}$ j) $\frac{x-5}{x+5}$ k) $\frac{x-6}{4x}$ l) $\frac{x-5}{x^2-3x+9}$ m) $\frac{x-12y}{x+3y}$ n) $\frac{x^2+2xy+4y^2}{x+12y}$ o) $\frac{4xy}{3x+2y}$ p) $\frac{2x+3y}{x-7a}$ q) $\frac{3x-2b}{3y-a}$ r) $\frac{x^2+4}{x^2-4}$

Adição e subtração

Para determinarmos a soma e a diferença de frações, podemos somar e subtrair numeradores apenas quando as frações têm denominadores iguais. Devemos primeiramente reduzí-las ao mesmo denominador. Para isto determinamos o mínimo múltiplo comum (mmc) dos denominadores.

Exemplos:

1) $\frac{x^2}{2x+6} + \frac{6x}{2x+6} + \frac{6}{2x+6} = \frac{x^2+6x+9}{2x+6} = \frac{(x+3)^2}{2(x+3)} = \frac{x+3}{2}$

2) $\frac{x-3}{x+2} - \frac{12-4x}{x^2-4} + \frac{x+1}{x-2}$ mmc = $(x+2)(x-2)$

$$\frac{(x-2)(x-3)-(12-4x)+(x+2)(x+1)}{(x+2)(x-2)} = \frac{x^2-5x+6-12+4x+x^2+3x+2}{(x+2)(x-2)} =$$

$$= \frac{2x^2+2x-4}{(x+2)(x-2)} = \frac{2(x^2+x-2)}{(x+2)(x-2)} = \frac{2(x+2)(x-1)}{(x+2)(x-2)} = \frac{2x-2}{x-2}$$

80 Determinar o mínimo múltiplo comum (mmc) das expressões dadas,nos casos:

a) x^3y , xy^5 , ax^2y^4

mmc =

b) $4x^3$, $6x^2y$, $8xy^3$, $12y^4$

mmc =

c) x^2-1 , $x+1$, x^2-2x+1

d) x^2-2x , x^2-4 , x^3-8

81 Efetuar as seguintes adições e subtrações:

a) $\frac{3x^2+2}{4x^2+4x+1} + \frac{x^2-3}{4x^2+4x+1}$

b) $\frac{4x^2}{x^2-9} - \frac{3(x+1)}{x+3}$

c) $\frac{3(x+1)}{x^2+x-2} - \frac{2(x+2)}{x^2-1} - \frac{x-1}{x^2+3x+2}$

82 Fatorando e simplificando mentalmente, escrever os resultados de:

a) $\dfrac{x^2 - y^2}{x^2 + 2xy + y^2} =$

b) $\dfrac{x^2 - 2xy + y^2}{x^2 - y^2} =$

c) $\dfrac{x^3 - y^3}{x^2 + xy + y^2} =$

d) $\dfrac{x^2 - xy + y^2}{x^3 + y^3} =$

e) $\dfrac{x^2 + 2xy + y^2}{x^3 + y^3} =$

f) $\dfrac{x^3 - y^3}{x^2 - 2xy + y^2} =$

g) $\dfrac{x^3 + y^3}{x^2 - y^2} =$

h) $\dfrac{x^2 - y^2}{x^3 - y^3} =$

i) $\dfrac{x^2 + xy}{x^2 - y^2} =$

j) $\dfrac{x^2 + 2xy + y^2}{xy + y^2} =$

k) $\dfrac{x^2 - xy}{x^3 - y^3} =$

l) $\dfrac{xy + y^2}{x^3 + y^3} =$

m) $\dfrac{x^2 - 9}{x^2 - 6x + 9} =$

n) $\dfrac{x^3 + 27}{x^2 + 6x + 9} =$

o) $\dfrac{x^3 - 125}{x^2 - 25} =$

p) $\dfrac{x^3 - 4x^2}{x^3 - 64} =$

Equações fracionárias

Exemplo:

$$\underbrace{\frac{x+3}{x^2-4}}_{(x+2)(x-2)} - \underbrace{\frac{2x-3}{x^2-2x-8}}_{(x-4)(x+2)} = \underbrace{\frac{x^2+3}{x^2-6x+8}}_{(x-4)(x-2)} - \underbrace{\frac{(5x+1)(x+1)+5}{x^3-4x^2-4x+16}}_{x^2(x-4)-4(x-4)}$$

$(x - 4)(x^2 - 4) = (x - 4)(x + 2)(x - 2)$

Fatoramos os denominadores, determinamos o mínimo múltiplo comum (mmc) dos denominadores e determinamos o domínio de validade D. Os números que anulam o mmc são os que anulam os denominadores e portanto não pertencem a D.

mmc $= (x + 2)(x - 2)(x - 4) \Rightarrow D = R - \{-2, 2, 4\}$

Eliminamos os denominadores:

$(x - 4)(x + 3) - (x - 2)(2x - 3) = (x + 2)(x^2 + 3) - (5x + 1)(x + 1) - 5 \Rightarrow$

$x^2 - x - 12 - (2x^2 - 7x + 6) = x^3 + 2x^2 + 3x + 6 - (5x^2 + 6x + 1) - 5 \Rightarrow$

$x^2 - x - 12 - 2x^2 + 7x - 6 = x^3 + 2x^2 + 3x + 6 - 5x^2 - 6x - 1 - 5 \Rightarrow$

$-x^2 + 6x - 18 = x^3 - 3x^2 - 3x \Rightarrow x^3 - 2x^2 - 9x + 18 = 0 \Rightarrow$

$x^2(x - 2) - 9(x - 2) = 0 \Rightarrow (x - 2)(x^2 - 9) = 0 \Rightarrow (x - 2)(x + 3)(x - 3) = 0 \Rightarrow$

$x = 2$ ou $x = -3$ ou $x = 3$ Como $2 \notin D$, $-3 \in D$ e $3 \in D$, temos: $V = \{-3, 3\}$

Resp: **78** a) $\frac{12x^5}{35y^3}$ b) $\frac{2x^2 + 2xy}{3xy - 3y^2}$ c) $\frac{3x + 6}{32y}$ d) $\frac{14x^2}{xy + 3y}$ e) $\frac{6x^2 - 13x + 6}{8x^2}$ f) $\frac{3x}{x + 3y}$ g) $\frac{2x + 3a}{2x - 3a}$

79 a) $\frac{6x^2}{5y^3}$ b) $\frac{2a^2}{3b^2}$ c) $\frac{27y}{20x}$ d) a^2 e) $\frac{2a + b}{4a}$ f) $\frac{x - a}{4ab}$ g) $\frac{x - a}{4x^2 - 2x + 1}$

83 Resolver as seguintes equações:

a) $\frac{2x-3}{x+1} = \frac{3x-2}{x-1} - \frac{12x+2}{x^2-1}$

b) $\frac{x^2-x+1}{x+5} - \frac{50-5x-4x^2}{x^2+5x} = \frac{x^2-7}{x}$

c) $\frac{2x-1}{x+5} = \frac{x+4}{x-3} - \frac{27+3x-4x^2}{x^2+2x-15}$

d) $\frac{4x(8-3x)}{x^2-49} - \frac{x-1}{x+7} = \frac{x+5}{x-7}$

e) $\frac{3x-4}{x-4} = 2 - \frac{13-6x}{x^2-8x+16}$

f) $\frac{3x-1}{5x+2} - \frac{2x-3}{5x-2} = \frac{8x+12}{25x^2-4}$

84 Resolver as seguintes equações:

a) $\dfrac{2x-1}{3x+1}+\dfrac{x-3}{1-3x}=\dfrac{2+10x-3x^2}{9x^2-1}$

b) $\dfrac{2x-5}{x-3}-\dfrac{13-4x}{x^2-5x+6}=\dfrac{3x-4}{2-x}$

c) $\dfrac{x^2+10}{x^2-4}-\dfrac{x-1}{x+2}-\dfrac{x+1}{2-x}=0$

d) $\dfrac{2x+3}{x+2}+\dfrac{11x+9}{x^2-9x-22}=\dfrac{1-x}{11-x}$

e) $\dfrac{3x-2}{x}+\dfrac{27-12x}{4x-x^2}=\dfrac{2-x}{x-4}$

f) $\dfrac{x-1}{3-x}=\dfrac{10-4x}{x^2-9}-\dfrac{4x-1}{x+3}$

Resp:

80 a) ax^3y^5 b) $24x^3y^4$ c) $(x+1)(x-1)^2$ d) $x(x+2)(x-2)(x^2+2x+4)$

81 a) $\dfrac{2x-1}{2x+1}$ b) $\dfrac{x+3}{x-3}$ c) $\dfrac{-6}{(x+1)(x-1)(x+2)}$ ou $\dfrac{6}{(x+1)(1-x)(x+2)}$

82 a) $\dfrac{x-y}{x+y}$ b) $\dfrac{x-y}{x+y}$ c) $x-y$ d) $\dfrac{1}{x+y}$ e) $\dfrac{x+y}{x^2-xy+y^2}$ f) $\dfrac{x^2+xy+y^2}{x-y}$

g) $\dfrac{x^2-xy+y^2}{x-y}$ h) $\dfrac{x+y}{x^2+xy+y^2}$ i) $\dfrac{x}{x-y}$ j) $\dfrac{x+y}{y}$ k) $\dfrac{x}{x^2+xy+y^2}$ l) $\dfrac{y}{x^2-xy+y^2}$ m) $\dfrac{x+3}{x-3}$

n) $\dfrac{x^2-3x+9}{x+3}$ o) $\dfrac{x^2+5x+25}{x+5}$ p) $\dfrac{x^2}{x^2+4x+16}$

V SISTEMAS DO 1º GRAU (Revisão e complementos)

Exemplos de sistemas de duas equações do 1º grau com duas variáveis, que são **impossíveis**.

(As duas equações são contraditórias)

1) $\begin{cases} x+y=7 \\ x+y=8 \end{cases}$ 2) $\begin{cases} 2x-3y=5 \\ 2x-3y=-2 \end{cases}$ 3) $\begin{cases} 6x-8y=10 \\ 3x-4y=2 \end{cases}$

Para cada um desses exemplos, cada uma das equações tem infinitas soluções, mas não existe par ordenado que seja, simultaneamente, solução de ambas.

No plano cartesiano o gráfico de uma equação do 1º grau com duas variáveis é uma reta. Neste caso as retas são paralelas distintas.

Exemplos de sistemas de duas equações do 1º grau com duas variáveis, que são **possíveis indeterminados**.

(As duas equações são iguais ou são redutíveis a uma mesma equação).

1) $\begin{cases} x+y=7 \\ x+y=7 \end{cases}$ 2) $\begin{cases} 4x-2y=4 \\ 2x-y=2 \end{cases}$ 3) $\begin{cases} 4x-2y=4 \\ 6x-3y=6 \end{cases}$

Para cada um desses exemplos, cada uma das equações tem infinitas soluções e todas esses pares ordenados serão também soluções da outra equação pois ela é igual ou redutível à anterior.

Neste caso, no plano cartesiano, as retas são coincidentes.

Exemplos de sistemas de duas equações do 1º grau com duas variáveis, que são **possíveis determinados**.

(As duas equações não se encaixam em nenhum dos dois casos anteriores).

1) $\begin{cases} x+y=7 \\ x+2y=8 \end{cases}$ 2) $\begin{cases} 2x+y=7 \\ 3x-y=3 \end{cases}$ 3) $\begin{cases} 4x+3y=6 \\ 3x-y=11 \end{cases}$

Para cada um desses exemplos, cada equação tem infinitas soluções e existe um único par ordenado que é simultaneamente solução de ambas. No primeiro exemplo é (6, 1), no segundo (2,3) e no terceiro (3, – 2).

Neste caso, no plano cartesiano, as retas são concorrentes.

Método da adição

Transformamos o sistema dado em um sistema equivalente de modo que os coeficientes de uma variável sejam opostos nas equações obtidas.

Então somamos as equações, membro a membro, eliminando a variável de coeficientes opostos. Determinamos a outra variável e substituindo este valor em uma das equações, determinamos o valor da outra variável.

Exemplos:

1) $\begin{cases} 2x+3y=11 \\ x-3y=1 \end{cases}$

$3x+0y=12$

$3x=12$

$\boxed{x=4}$

Então, obtemos os seguintes sistemas equivantes ao original:

$\begin{cases} 2x+3y=11 \\ x=4 \end{cases}$ e $\begin{cases} x-3y=1 \\ x=4 \end{cases}$

Substituindo, **x** por 4 em qualquer uma das outras equações, obtemos **y** e a solução do sistema:

$2(4)+3y=11 \Rightarrow 3y=3 \Rightarrow y=1 \Rightarrow S=\{(4, 1)]$

2) $\begin{cases} 2x - y = 12 \\ 3x - 2y = 19 \end{cases}$

Multiplicamos a 1ª por (– 2):

$\begin{cases} -4x + 2y = -24 \\ 3x - 2y = 19 \end{cases}$

$-x = -5 \Rightarrow \boxed{x = 5}$

$x = 5$ e $2x - y = 12 \Rightarrow$

$2(5) - y = 12 \Rightarrow -y = 2 \Rightarrow y = -2$

$x = 5, y = -2 \Rightarrow S = \{(5, -2)]$

3) $\begin{cases} 5x - 2y = -24 & (3) \\ 4x + 3y = 13 & (2) \end{cases}$

$\begin{cases} 15x - 6y = -72 \\ 8x + 6y = 26 \end{cases}$

$23x = -46 \Rightarrow \boxed{x = -2}$

$x = -2$ e $4x + 3y = 13 \Rightarrow$

$4(-2) + 3y = 13 \Rightarrow 3y = 21 \Rightarrow \boxed{y = 7}$

$x = -2, y = 7 \Rightarrow S = \{(-2, 7)\}$

85 Resolver, pelo método da adição, os seguintes sistemas:

a) $\begin{cases} 2x + y = 7 \\ 3x - y = 3 \end{cases}$

b) $\begin{cases} 5x + 2y = 5 \\ -5x + 3y = 15 \end{cases}$

c) $\begin{cases} 3x - 2y = -13 \\ 4x + y = -10 \end{cases}$

d) $\begin{cases} 5x - y = 21 \\ 2x + 3y = 5 \end{cases}$

e) $\begin{cases} 5x - 7y = 15 \\ -x + 8y = -3 \end{cases}$

f) $\begin{cases} 2x - 5y = -19 \\ 7x - y = -17 \end{cases}$

Resp: **83** a) $V = \{7\}$ b) $\left\{\frac{3}{2}, 5\right\}$ c) $\left\{\frac{2}{3}\right\}$ d) $x^2 - 2x + 3 = 0$, $\Delta = -8 < 0$, a equação não tem raízes reais, $V = \varnothing$

e) $\{3 + 2\sqrt{3}, 3 - 2\sqrt{3}\}$ f) $\{2\}$ **84** a) $\left\{\frac{2}{3}, \frac{1}{2}\right\}$ b) $\left\{\frac{3}{5}\right\}$ c) $\Delta = -4 < 0$, $V = \varnothing$ d) $V = \varnothing$

e) $\left\{\frac{1 - 2\sqrt{5}}{2}, \frac{1 + 2\sqrt{5}}{2}\right\}$ f) $\left\{-\frac{1}{3}, 4\right\}$

86 Resolver, pelo método da adição, os seguintes sistemas:

a) $\begin{cases} 17x - 34y = 51 \\ x + 2y = 7 \end{cases}$

b) $\begin{cases} 15x - 5y = 50 \\ 14x - 7y = 42 \end{cases}$

c) $\begin{cases} 5x + 3y = 5 \\ 7x - 2y = 38 \end{cases}$

d) $\begin{cases} 7x - 2y = -25 \\ 4x - 3y = -18 \end{cases}$

e) $\begin{cases} 3x + 7y = 16 \\ -4x + 13y = 1 \end{cases}$

f) $\begin{cases} 2x + 7y = 1 \\ 3x + 11y = 1 \end{cases}$

g) $\begin{cases} 7x - 5y = 14 \\ 9x + 3y = 18 \end{cases}$

h) $\begin{cases} 28x - 42y = 0 \\ 51x - 34y = 85 \end{cases}$

Método da substituição

Escolhemos convenientemente uma das equações para determinarmos uma variável em função da outra (isolamos uma variável), substituímos esta variável da outra equação pela expressão encontrada, obtendo uma equação com uma única variável, determinamos esta variável e em seguida substituímos o valor encontrado em uma das equações anteriores, de preferência na que tem uma variável isolada, para determinar o valor desta outra.

Exemplos:

1) $\begin{cases} 2x - y = 5 \\ 5x + 3y = 29 \end{cases}$

1º) É conveniente determinar **y** em função de **x** na 1ª equação.

$2x - y = 5 \Rightarrow -y = -2x + 5 \Rightarrow \boxed{y = 2x - 5}$

2º) Vamos substituir na 2ª equação:

$5x + 3(2x - 5) = 29 \Rightarrow$

$5x + 6x - 15 = 29 \Rightarrow 11x = 44 \Rightarrow \boxed{x = 4}$

3º) $y = 2x - 5$ e $x = 4 \Rightarrow y = 2(4) - 5 \Rightarrow \boxed{y = 3}$

$x = 4$ e $y = 3 \Rightarrow S = \{(4, 3)\}$

2) $\begin{cases} 2x - 5y = 20 \\ 7x + 4y = 27 \end{cases}$

1º) $2x - 5y = 20 \Rightarrow 2x = 5y + 20 \Rightarrow \boxed{x = \dfrac{5x + 20}{2}}$

2º) Substituímos na 2ª equação

$7\left(\dfrac{5y + 20}{2}\right) + 4y = 27 \Rightarrow$

$35y + 140 + 8y = 54 \Rightarrow$

$\Rightarrow 43y = -86 \Rightarrow \boxed{y = -2}$

3º) $x = \dfrac{5y + 20}{2}$ e $y = -2 \Rightarrow$

$x = \dfrac{5(-2) + 20}{2} \Rightarrow x = \dfrac{10}{2} \Rightarrow \boxed{x = 5}$

$x = 5$ e $y = -2 \Rightarrow S = \{(5, -2)\}$

87 Resolver, pelo método da substituição, os seguintes sistemas:

a) $\begin{cases} y = 3x - 15 \\ 2x - 3y = 17 \end{cases}$

b) $\begin{cases} 3x + 5y = 25 \\ x = 2y + 1 \end{cases}$

c) $\begin{cases} 3x - 20 = y \\ 3y - 2x = -11 \end{cases}$

d) $\begin{cases} 5x + 3y = -9 \\ 4y - 11 = x \end{cases}$

Resp: 85 a) $\{(2, 3)\}$ b) $\left\{\left(-\frac{3}{5}, 4\right)\right\}$ c) $\{(-3, 2)\}$ d) $\{(4, -1)\}$ e) $\{(3, 0)\}$ f) $\{(-2, 3)\}$

88 Resolver, pelo método da substituição, os seguintes sistemas:

a) $\begin{cases} 3x + y = 4 \\ 2x - 3y = 21 \end{cases}$

b) $\begin{cases} x + 5y = -3 \\ 3x - 7y = -9 \end{cases}$

c) $\begin{cases} 5x + 2y = 27 \\ 4x - 9y = 64 \end{cases}$

d) $\begin{cases} 3x - 4y = -1 \\ 5x + 6y = 11 \end{cases}$

e) $\begin{cases} 5x - 4y = 18 \\ 2x + 5y = -6 \end{cases}$

f) $\begin{cases} 6x - 5y = 3 \\ 4x - 3y = 3 \end{cases}$

Método da comparação

Isolamos a mesma incógnita nas duas equações, igualamos os resultados obtidos, determinando uma equação com uma única variável. Determinamos o valor desta variável e em seguida o valor da outra.

Exemplo:

$$\begin{cases} 2x + 5y = -7 \\ 3x - 4y = 24 \end{cases} \Rightarrow \begin{cases} 2x = -5y - 7 \\ 3x = 4y + 24 \end{cases} \Rightarrow \begin{cases} x = \dfrac{-5y - 7}{2} \\ x = \dfrac{4y + 24}{3} \end{cases} \Rightarrow \frac{-5y - 7}{2} = \frac{4y + 24}{3} \Rightarrow$$

$$\Rightarrow -15y - 21 = 8y + 48 \Rightarrow 23y = -69 \Rightarrow \boxed{y = -3} \Rightarrow x = \frac{4(-3) + 24}{3} \Rightarrow \boxed{x = 4} \Rightarrow S = \{(4, -3)\}$$

89 Resolver, pelo método da comparação, os seguintes sistemas:

a) $\begin{cases} 3x - 7y = 22 \\ 2x + 9y = 1 \end{cases}$

b) $\begin{cases} 5x - 2y = -1 \\ 7x + 4y = -15 \end{cases}$

c) $\begin{cases} x = \dfrac{2y + 2}{3} \\ 5x - 7y = -4 \end{cases}$

d) $\begin{cases} 4x + 3y = 3 \\ y = \dfrac{4 - 2x}{2} \end{cases}$

Resp: 86 a) $\{(5, 1)\}$ b) $\{(4,2)\}$ c) $\{(4, -5)\}$ d) $\{(-3, 2)\}$ e) $\{(3, 1)\}$ f) $\{(4, -1)\}$ g) $\{(2, 0)\}$ h) $\{(3, 2)\}$

87 a) $\{(4, -3)\}$ b) $\{(5, 2)\}$ c) $\{(7, 1)\}$ d) $\{(-3, 2)\}$

90 Resolver, pelo método que achar mais conveniente, os seguintes sistemas:

a) $\begin{cases} 3x + 7y = 50 \\ 2x - 7y = -25 \end{cases}$

b) $\begin{cases} y = 5x + 10 \\ 3x - 7y = -6 \end{cases}$

c) $\begin{cases} 8x + 3y = -9 \\ x = 12 - 3y \end{cases}$

d) $\begin{cases} x = 3y - 15 \\ x = 6 - 4y \end{cases}$

e) $\begin{cases} 2x - 3y = 3 \\ 5y - 2x = -9 \end{cases}$

f) $\begin{cases} y = \dfrac{2x + 8}{2} \\ y = \dfrac{5x + 2}{3} \end{cases}$

Resp: **88** a) {(3, – 5)} b) {(– 3, 0)} c) {(7, – 4)} d) {(1, 1)} e) {(2, – 2} f) {(3, 3)}

89 a) {(5, – 1)} b) {(– 1, – 2)} c) {(2, 2)} d) {(– 3), 5)}

VI EQUAÇÕES REDUTÍVEIS À DO 2º GRAU

1 Equações Biquadradas

São equações do tipo $ax^4 + bx^2 + c = 0$, com $a \neq 0$.

1º Tipo $ax^4 = 0$, com $a \neq 0$.

As quatro raízes são iguais a **zero**.

Exemplos: 1) $7x^4 = 0 \Rightarrow x = 0 \Rightarrow S = \{0\}$ 2) $\left(\frac{\sqrt{3}-1}{\sqrt{2}}\right)x^4 = 0 \Rightarrow x = 0 \Rightarrow S = \{0\}$

2º Tipo $ax^4 + c = 0$, com $a \neq 0$ e $c \neq 0$.

Pode ter no máximo duas raízes reais que são simétricas (ou opostas).

Exemplos: 1) $2x^4 - 32 = 0 \Rightarrow x^4 = 16 \Rightarrow x = \pm\sqrt[4]{16} \Rightarrow x = \pm 2 \Rightarrow S = \{\pm 2\}$

2) $2x^4 + 32 = 0 \Rightarrow x^4 = -16 \Rightarrow x \notin R \Rightarrow S = \varnothing$

3) $7x^4 - 28 = 0 \Rightarrow x^4 = 4 \Rightarrow x = \pm\sqrt[4]{4} \Rightarrow x = \pm\sqrt{2} \Rightarrow S = \{\pm\sqrt{2}\}$

3º Tipo $ax^4 + bx^2 = 0$, com $a \neq 0$ e $b \neq 0$.

Tem duas raízes iguais a **zero** e pode ter outras duas raízes reais que são opostas.

Exemplos: 1) $7x^4 - 28x^2 = 0 \Rightarrow$

$x^4 - 4x^2 = 0 \Rightarrow$

$x^2(x^2 - 4) = 0 \Rightarrow$

$x^2 = 0$ ou $x^2 - 4 = 0$

$x = 0$ ou $x^2 = 4$

$x = 0$ ou $x = \pm 2 \Rightarrow S = \{-2, 0, 2\}$

2) $4x^4 + 48x^2 = 0$

$4x^2(x^2 + 12) = 0$

$x^2 = 0$ ou $x^2 + 12 = 0$

$x = 0$ ou $x^2 = -12$

$x = 0$ ou $x \notin R$ $S = \{0\}$

4º Tipo $ax^4 + bx^2 + c = 0$, com $a \neq 0$, $b \neq 0$, $c \neq 0$.

Pode ter no máximo quatro raízes reais (dois pares de opostas).

Exemplos:

1) $4x^4 - 5x^2 + 1 = 0$

$4(x^2)^2 - 5x^2 + 1 = 0$

$D = 25 - 16 = 9$

$x^2 = \frac{5 \pm 3}{8}$

$x^2 = \frac{2}{8}$ ou $x^2 = \frac{8}{8}$

$x^2 = \frac{1}{4}$ ou $x^2 = 1$

$x = \pm\frac{1}{2}$ ou $x = \pm 1$

$S = \left\{\pm\frac{1}{2}, \pm 1\right\}$

2) $2x^4 - 7x^2 - 4 = 0$

$D = 49 + 32 = 81$

$x^2 = \frac{7 \pm 9}{4}$

$x^2 = -\frac{2}{4}$ ou $x^2 = \frac{16}{4}$

$x^2 = -\frac{1}{2}$ ou $x^2 = 4$

$x \notin R$ ou $x = \pm 2$

$S = \{\pm 2\}$

3) $2x^4 + 9x^2 + 4 = 0$

$D = 81 - 32 = 49$

$x^2 = \frac{-9 \pm 7}{4}$

$x^2 = \frac{-16}{4}$ ou $x^2 = \frac{-2}{4}$

$x^2 = -4$ ou $x^2 = -\frac{1}{2}$

$x \notin R$ ou $x \notin R$

$S = \varnothing$

Resp: **90** a) {(5, 5)} b) {(– 2, 0)} c) {(– 3, 5)} d) {(– 6, 3)} e) {(– 3, – 3)} f) {(5, 9)}

91 Resolver as seguintes equações:

a) $x^4 = 0$

b) $7x^4 = 0$

c) $(\sqrt{3} - 1)x^4 = 0$

d) $9x^4 - 5x^4 = 0$

e) $5x^4 - 9x^4 = 0$

f) $6x^4 + 7x^2 = 7x^2 - 2x^4$

92 Resolver as seguintes equações:

a) $x^4 - 1 = 0$

b) $x^4 - 16 = 0$

c) $x^4 - 81 = 0$

d) $2x^4 - 2 = 0$

e) $x^4 + 1 = 0$

f) $2x^4 - 8 = 0$

g) $4x^4 + 64 = 0$

h) $3x^4 - 243 = 0$

i) $3x^4 + 21 = 0$

j) $3x^4 - 27 = 0$

k) $x^4 - 144 = 0$

l) $5x^4 - 125 = 0$

m) $7x^2 + 4x^4 - 326 = 7x^2 + 2x^4 + 322$

n) $2x^2(2x^2 - 5) - 25 = x^2 (x^2 - 10) + 2$

93 Resolver as seguintes equações:

a) $3x^4 - 27x^2 = 0$

b) $2x^4 + 8x^2 = 0$

c) $5x^4 - 60x^2 = 0$

d) $6x^4 - 216x^2 = 0$

e) $24x^4 - 18x^2 = 0$

f) $35x^4 + 28x^2 = 0$

g) $8x^4 - 36x^2 = 0$

h) $6x^4 - 15x^2 = 0$

i) $(5x^2 - 2)(7x^2 - 3) = 3(2 - 5x^2)$

j) $(2x^2 - 4)(2x^2 - 25) = 50(2 + x^2)$

94 Resolver as seguintes equações:

a) $x^4 - 13x^2 + 36 = 0$

b) $36x^4 - 13x^2 + 1 = 0$

c) $2x^4 - x^2 - 28 = 0$

d) $4x^4 - 39x^2 + 27 = 0$

e) $81x^4 - 72x^2 + 16 = 0$

f) $9x^4 + x^2 - 8 = 0$

95 Resolver as seguintes equações:

a) $(3x^2 + 1)(3x^2 - 1) - 2(x^2 - 3)^2 + 25 = (2x^2 - 3)(3x^2 + 2) - 3x^2(x + 2\sqrt{3})(x - 2\sqrt{3})$

---

b) $(3x^2 - 1)^2 - (2x - 1)^2 - (2x + 1)(3x + 1) - (3x^2 - 1)(2x^2 - 1) = (x^2 - 8)^2 - x - 54$

---

c) $(2x - 1)^2 - (2x^2 - 3x - 1)^2 - 2(x + 2)(6x^2 - 5) = 2(16 - x^2 - 3x^4)$

Resp: **91** a) $\{0\}$ b) $\{0\}$ c) $\{0\}$ d) $\{0\}$ e) $\{0\}$ f) $\{0\}$ **92** a) $\{\pm 1\}$ b) $\{\pm 2\}$ c) $\{\pm 3\}$ d) $\{\pm 1\}$ e) $\varnothing$ f) $\{\pm\sqrt{2}\}$ g) $\varnothing$ h) $\{\pm 3\}$ i) $\varnothing$ j) $\{\pm\sqrt{3}\}$ k) $\{\pm 2\sqrt{3}\}$ l) $\{\pm\sqrt{5}\}$ m) $\{\pm 3\sqrt{2}\}$ n) $\{\pm\sqrt{3}\}$ **93** a) $\{0, \pm 3\}$ b) $\{0\}$ c) $\{0, \pm 2\sqrt{3}\}$ d) $\{0, \pm 6\}$ e) $\left\{0, \pm\frac{\sqrt{3}}{2}\right\}$ f) $\{0\}$ g) $\left\{0, \pm\frac{3\sqrt{2}}{2}\right\}$ h) $\left\{0, \pm\frac{\sqrt{10}}{2}\right\}$ i) $\left\{0, \pm\frac{\sqrt{10}}{5}\right\}$ j) $\{0, \pm 3\sqrt{3}\}$

96 Resolver as seguintes equações:

a) $\dfrac{x^2+2}{x^2+1} = \dfrac{x^2-2}{1-x^2} - \dfrac{4}{x^2-1}$

b) $\dfrac{1}{x^2} + \dfrac{1}{x^4} = 4\left(\dfrac{1-x^4}{x^4} - \dfrac{3}{2x^2}\right)$

c) $\dfrac{6}{x^4-1} - \dfrac{2}{x^2-1} = 2 - \dfrac{x^2+4}{x^2+1}$

d) $\dfrac{6}{4x^4-1} + \dfrac{2}{1-2x^2} = 1 - \dfrac{3}{2x^2+1}$

e) $\dfrac{3x^2-1}{x^2+2} - \dfrac{18}{2-x^2} = \dfrac{7x^4-28}{x^4-4} + \dfrac{7}{2+x^2}$

2 Equações Irracionais

São equações que têm, em um dos membros, expressão algébrica irracional (variável submetida a radical).

São equações como estas:

$\sqrt{2x+1}+5=2x$, $\sqrt[3]{4x-5}=3$, $\sqrt[4]{2x+\sqrt{x-3}}=2$

Para resolver equações como estas, em R, elevamos ambos os membros ao quadrado, ou ao cubo, ou a quarta potência, etc, conforme for o caso.

Quando elevarmos ambos os membros a um expoente ímpar, os números reais obtidos serão soluções da equação proposta. Mas quando elevarmos os membros a um expoente par, é necessário verificar se os números obtidos são, de fato, soluções da equação proposta, pois ao elevarmos a expoente par, membros de uma igualdade falsa, podemos obter uma sentença verdadeira. Observar:

$4=-4$ é falsa e $(4)^2=(-4)^2$ é verdadeira.

Exemplos:

1) $\sqrt[3]{4x-5}=3 \Rightarrow (\sqrt[3]{4x-5})^3=(3)^3 \Rightarrow 4x-5=27 \Rightarrow 4x=32 \Rightarrow x=8 \Rightarrow S=\{8\}$

2) $\sqrt{2x+1}+5=2x \Rightarrow$

$\sqrt{2x+1}=2x-5$

$(\sqrt{2x+1})^2=(2x-5)^2$

$2x+1=4x^2-20x+25$

$4x^2-22x+24=0$

$\boxed{2x^2-11x+12=0}$

$D=121-96=25$

$x=\dfrac{11\pm5}{4} \Rightarrow \boxed{x=4}$ ou $\boxed{x=\dfrac{3}{2}}$

Verificação:

I) $x=4 \Rightarrow \sqrt{2(4)+1}+5=2(4) \Rightarrow$

$\Rightarrow \sqrt{9}+5=8$ (verdade)

II) $x=\dfrac{3}{2} \Rightarrow \sqrt{2\left(\dfrac{3}{2}\right)+1}+5=2\left(\dfrac{3}{2}\right) \Rightarrow$

$\Rightarrow \sqrt{4}+5=3$ (falso). Então:

$S=\{4\}$

Resp: **94** a) $\{\pm2, \pm3\}$ b) $\left\{\pm\frac{1}{2}, \pm\frac{1}{3}\right\}$ c) $\{\pm2\}$ d) $\left\{\pm3, \pm\frac{\sqrt{3}}{2}\right\}$ e) $\left\{\pm\frac{2}{3}\right\}$ f) $\left\{\pm\frac{2\sqrt{2}}{3}\right\}$

95 a) $\left\{\pm\frac{\sqrt{3}}{2}, \pm2\right\}$ b) $\left\{\pm\frac{\sqrt{6}}{2}\right\}$ c) $\{\pm2\sqrt{3}\}$

97 Resolver as seguintes equações irracionais:

a) $\sqrt[3]{2x^2+9}-3=0$

b) $\sqrt[3]{3x^2+4x+1}=2$

c) $\sqrt{2x+1}+1=x$

d) $\sqrt{2x+1}+x=1$

e) $\sqrt{2x-1}+2=x$

f) $\sqrt{2x-1}+x=2$

98 Resolver as seguintes equações irracionais:

a) $\sqrt{x^2 - 16} + x - 8 = 0$

b) $(x^2 - 16)\sqrt{3x - 9} = 0$

c) $\sqrt{4x + 1} + 3 = 2x - 4$

d) $2\sqrt{3x - 5} + x = 7$

e) $\sqrt{3x + 4} = \sqrt{x + 2} + 2$

f) $\sqrt{3x + 1} - \sqrt{x - 1} = 2$

Resp: **96** a) $\{0\}$ b) $\left\{\pm 1, \pm \frac{\sqrt{3}}{2}\right\}$ c) $\{\pm\sqrt{2}\}$ d) $\{\pm 1\}$ e) $\{\pm\sqrt{5}\}$

99 Resolver as seguintes equações:

a) $\sqrt{x^2+3x+8}+2=2x$

b) $\sqrt{7+3x+x^2}-\sqrt{x^2+7}=1$

c) $\sqrt{x+1}-\sqrt{9-x}=\sqrt{2x-12}$

d) $\sqrt{2x+5}+\sqrt{5x+6}=\sqrt{12x+25}$

VII SISTEMAS DE GRAU MAIOR OU IGUAL A 2

É aquele em que pelo menos uma das equações tem grau maior ou igual a 2.

Exemplos: (O melhor método, nestes dois exemplos, é o da substituição).

1) $\begin{cases} 4x^2 - 2y^2 = -1 \\ 2x + y = 2 \end{cases} \Rightarrow \mathbf{y = 2 - 2x}$

$4x^2 - 2(2 - 2x)^2 = -1 \Rightarrow$

$4x^2 - 2(4 - 8x + 4x^2) + 1 = 0 \Rightarrow$

$4x^2 - 8 + 16x - 8x^2 + 1 = 0 \Rightarrow$

$4x^2 - 16x + 7 = 0$

$\Delta = 256 - 112 = 144$

$x = \frac{16 \pm 12}{8} \Rightarrow \mathbf{x = \frac{7}{2}}$ **ou** $\mathbf{x = \frac{1}{2}}$

Como $y = 2 - 2x$, obtemos:

$\begin{cases} \mathbf{x = \frac{7}{2}} \Rightarrow y = 2 - 2\left(\frac{7}{2}\right) \Rightarrow \mathbf{y = -5} \\ \mathbf{x = \frac{1}{2}} \Rightarrow y = 2 - 2\left(\frac{1}{2}\right) \Rightarrow \mathbf{y = 1} \end{cases}$

Então: $V = \left\{\left(\frac{7}{2}, -5\right), \left(\frac{1}{2}, 1\right)\right\}$

2) $\begin{cases} x^3 - y^3 = 9 \\ x - y = 3 \end{cases} \Rightarrow \mathbf{y = x - 3} \Rightarrow$

$x^3 - (x - 3)^3 = 9 \Rightarrow$

$x^3 - (x^3 - 3x^2 \cdot 3 + 3x \cdot 9 - 27) = 9 \Rightarrow$

$x^3 - x^3 + 9x^2 - 27x + 27 - 9 = 0 \Rightarrow$

$9x^2 - 27x + 18 = 0 \Rightarrow$

$x^2 - 3x + 2 = 0 \Rightarrow$

$(x - 1)(x - 2) = 0 \Rightarrow$

$\mathbf{x = 1}$ **ou** $\mathbf{x = 2}$

Como $y = x - 3$, obtemos:

$\begin{cases} \mathbf{x = 1} \Rightarrow y = 1 - 3 \Rightarrow \mathbf{y = -2} \\ \mathbf{x = 2} \Rightarrow y = 2 - 3 \Rightarrow \mathbf{y = -1} \end{cases}$

Então: $S = \{(1, -2), (2, -1)\}$

100 Resolver os seguintes sistemas:

a) $\begin{cases} x^2 - 2y^2 = 1 \\ x - y = 1 \end{cases}$

b) $\begin{cases} x^2 - 2y^2 = 7 \\ x + y = 4 \end{cases}$

Resp: **97** a) $\{\pm 3\}$ b) $\left\{-\frac{7}{3}, 1\right\}$ c) $\{4\}$ d) $\{0\}$ e) $\{5\}$ f) $\{1\}$

98 a) $\{5\}$ b) $\{3, 4\}$ c) $\{6\}$ d) $\{3\}$ e) $\{7\}$ f) $\{1,5\}$

101 Resolver os seguintes sistemas:

a) $\begin{cases} x^2 + y^2 = 200 \\ y = 7x \end{cases}$

b) $\begin{cases} xy + 2x - 3y = 6 \\ x + y = 1 \end{cases}$

c) $\begin{cases} 2x^2 - 3y^2 = 29 \\ 2x - y = 7 \end{cases}$

d) $\begin{cases} x^2 - 3y^2 = 6 \\ x + 2y = 1 \end{cases}$

Exemplos: (Nestes dois é mais vantajoso o método adição)

1) $\begin{cases} 3x^2 + y^2 = 52 \\ 2x^2 - y^2 = -7 \end{cases}$

$5x^2 = 45$

$x^2 = 9 \Longrightarrow \mathbf{x = \pm 3}$

$\begin{cases} x = \pm 3 \\ 3x^2 + y^2 = 52 \end{cases} \Rightarrow$

$3(\pm 3)^2 + y^2 = 52 \Rightarrow$

$3(9) + y^2 = 52 \Rightarrow y^2 = 25 \Rightarrow \mathbf{y = \pm 5}$

$\begin{cases} \mathbf{x = \ \ 3} \Rightarrow \mathbf{y = \pm 5} \Rightarrow (3, 5), (3, -5) \\ \mathbf{x = -3} \Rightarrow \mathbf{y = \pm 5} \Rightarrow (-3, 5), (-3, -5) \end{cases}$

$S = \{(3, 5), (3, -5), (-3, 5), (-3, -5)\}$

2) $\begin{cases} x^2 + xy = 3 \\ x^2 - 2xy = 21 \end{cases}$

$\begin{cases} 2x^2 + 2xy = 6 \\ x^2 - 2xy = 21 \end{cases}$

$3x^2 = 27 \Rightarrow x^2 = 9 \Rightarrow \mathbf{x = \pm 3}$

$\begin{cases} x = \pm 3 \\ x^2 + xy = 3 \end{cases} \Rightarrow$

$\begin{cases} \mathbf{x = \ \ 3} \Rightarrow 3^2 + 3y = 3 \Rightarrow \mathbf{y = -2} \Rightarrow (3, -2) \\ \mathbf{x = -3} \Rightarrow (-3)^2 - 3y = 3 \Rightarrow \mathbf{y = 2} \Rightarrow (-3, 2) \end{cases}$

$V = \{(3, -2), (-3, 2)\}$

102 Resolver os seguintes sistemas:

a) $\begin{cases} 2x^2 - 3y^2 = 5 \\ x^2 + y^2 = 5 \end{cases}$

b) $\begin{cases} x^2 + 2y^2 = 17 \\ 2x^2 - 3y^2 = 6 \end{cases}$

Resp: **99** a) {4} b) {3} c) {7, 8} d) {2} **100** a) {(1, 0), (3, 2)} b) {(3, 1), (13, – 9)}

103 Resolver os seguintes sistemas:

a) $\begin{cases} x^3 - 2y^3 = 43 \\ 2x^3 + y^3 = 46 \end{cases}$

b) $\begin{cases} 3x^4 + y^4 = 19 \\ x^4 + 2y^4 = 33 \end{cases}$

104 Resolver mentalmente os seguintes sistemas:

a) $\begin{cases} x + y = 7 \\ xy = 10 \end{cases}$

{(,) , (,)}

b) $\begin{cases} xy = 15 \\ x + y = 8 \end{cases}$

c) $\begin{cases} xy = 8 \\ x + y = 9 \end{cases}$

d) $\begin{cases} x + y = -7 \\ xy = 10 \end{cases}$

e) $\begin{cases} x + y = -15 \\ xy = 36 \end{cases}$

f) $\begin{cases} xy = 36 \\ x + y = -13 \end{cases}$

g) $\begin{cases} xy = -15 \\ x + y = -2 \end{cases}$

h) $\begin{cases} x + y = -3 \\ xy = -18 \end{cases}$

i) $\begin{cases} x + y = -7 \\ xy = -8 \end{cases}$

j) $\begin{cases} x + y = 5 \\ xy = -14 \end{cases}$

k) $\begin{cases} xy = -36 \\ x + y = 9 \end{cases}$

l) $\begin{cases} x + y = 2 \\ xy = -24 \end{cases}$

105 Resolver os seguintes sistemas:

a) $\begin{cases} x + y = 5 \\ xy = 2 \end{cases}$

b) $\begin{cases} x + y = 10 \\ xy = 7 \end{cases}$

c) $\begin{cases} x + y = 3 \\ xy = 5 \end{cases}$

d) $\begin{cases} x + y = -5 \\ xy = 7 \end{cases}$

e) $\begin{cases} x + y = 6 \\ xy = 6 \end{cases}$

Resp: **101** a) $\{(-2, -14), (2, 14)\}$ b) $\{(3, -2)\}$ c) $\left\{(4, 1), \left(\frac{22}{5}, \frac{9}{5}\right)\right\}$ d) $\{(-9, 5), (3, -1)\}$

102 a) $\{(2, 1), (2, -1), (-2, 1), (-2, -1)\}$ b) $\{(3, 2), (-3, 2), (3, -2), (-3, -2)\}$

VIII PROBLEMAS ENVOLVENDO EQUAÇÕES DO 2º GRAU (OU SISTEMAS)

106 O quadrado de um número é igual à soma do quádruplo desse número com 5. Determinar este número.

---

107 Há 40 anos, a soma dos quadrados das idades de João e José, que é 9 anos mais velho que João, era 221 anos. Quantos anos têm João e José hoje?

108 A diferença entre dois números, cuja soma dos quadrados é 290, é 2. Determine esses números.

---

109 Tio João ia distribuir 630 figurinhas entre seus sobrinhos. Na hora da divisão, 6 sobrinhos abriram mão de suas partes, o que fez com que cada um dos outros recebesse 12 figurinhas a mais. Quantos sobrinhos tem o tio João?

Resp: **103** a) $\{(3, -2)\}$ b) $\{(1, 2), (1, -2), (-1, 2), (-1, -2)\}$ c) $\{(1, 8), (8, 1)\}$ d) $\{(-2, -5), (-5, -2)\}$

104 a) $\{(2, 5), (5, 2),$ b) $\{(3, 5), (5, 3)\}$ e) $\{(-3, -12), (-12, -3)\}$ f) $\{(-4, -9), (-9, -4)\}$ g) $\{(3, -5), (-5, 3)\}$ h) $\{(3, -6), (-6, 3)\}$ i) $\{(-8, 1), (1, -8)\}$ j) $\{(7, -2), (-2, 7)\}$ k) $\{(-3, 12), (12, -3)\}$ l) $\{(6, -4), (-4, 6)\}$

105 a) $\left\{\left(\frac{5+\sqrt{17}}{2}, \frac{5-\sqrt{17}}{2}\right), \left(\frac{5-\sqrt{17}}{2}, \frac{5+\sqrt{17}}{2}\right)\right\}$ b) $\{(5+3\sqrt{2}, 5-3\sqrt{2}), (5-3\sqrt{2}, 5+3\sqrt{2})\}$ c) $\varnothing$ d) $\varnothing$ e) $\{((3+\sqrt{3}, 3-\sqrt{3}), (3-\sqrt{3}, 3+\sqrt{3})\}$

110 A soma dos inversos de dois números inteiros consecutivos é $\frac{11}{30}$. Determine-os.

---

111 Resolver:

a) Determinar um número de dois algarismos sabendo que o algarimo das unidades excede em 2 o algarismo das dezenas e que o produto do número procurado pela soma dos algarismos é igual a 144.

111 b) O quadrado de um número é igual à soma deste número com 6. Ache este número.

---

c) O quádruplo da soma de um número com 3 é igual ao quadrado deste número. Determine-o.

Resp: **106** 5 ou – 1 **107** 45 anos e 54 anos. **108** 13 e 11 ou – 11 e – 13 **109** 21 sobrinhos.

112 **Estes problemas podem ser resolvidos nas páginas 128 até 132 quadriculadas.**

a) Dividir 20 em duas parcelas tais que o seu produto seja 96.

b) Decompor 56 em dois fatores tais que a sua soma seja 18.

c) Determinar três números consecutivos sabendo que a soma dos quadrados dos dois menores é igual à soma de 32 com 9 vezes o maior deles.

d) Um tio vai dividir 115 selos entre os sobrinhos A, B e C. B vai receber o dobro de A e C vai receber o quádruplo do quadrado do que receber A. Quantos A vai receber?

e) A diferença entre um número e o seu inverso é $\frac{21}{10}$. Qual é esse número?

f) Em uma divisão de números naturais, cujo dividendo é 490, verificou-se que o divisor é o dobro do resto e excede o quociente em 11. Determinar o resto.

g) Somando 9 a um número de dois algarismos obtemos um número com os mesmos algarismos. Se dividirmos o número original pelo produto dos seus algarismos obtemos quociente 2 e resto 5. Qual é esse número?

113 a) Uma pessoa verificou, depois de ler um livro de 720 páginas, que se lesse 30 páginas a mais por dia, gastaria 2 dias a menos para lê-lo. Em quantos dias ela leu o livro?

b) Duas fábricas recebem num mesmo dia encomendas de 810 ternos e 900 ternos, para entregarem em uma mesma data. A segunda completou o pedido 3 dias antes da data e a primeira o completou na data prevista. Quantos ternos faz cada fábrica por dia, se a segunda faz 4 ternos a mais por dia do que a primeira?

c) Uma datilógrafa, depois de ter completado uma tarefa, observou que, se datilografasse 2 páginas a mais por dia, teria terminado o serviço 3 dias antes, e se datilografasse 4 páginas a mais por dia, teria terminado 5 dias antes. Quantas páginas ela datilografou por dia e durante quantos dias?

d) Por quando deve ser vendida uma mercadoria com custo de R$ 15.000,00, para que o lucro seja de 20%?

e) Paguei por conta de luz, com 10% de multa, R$ 13.750,00. Quanto paguei de multa?

f) Se de cada 225 kg de minério são extraídos 34,2 kg de cobre, qual a porcentagem de cobre que esse minério contém?

g) Por 60 exemplares de um livro mais 75 exemplares de um outro, pagou-se R$ 4.050,00. Se houvesse um desconto de 15% no preço dos primeiros e de 10% no preço dos outros, a compra sairia por R$ 3.555,00. Determinar os preços desses dois livros.

Resp: **110** 5 e 6 **111** a) 24 b) – 2 ou 3 c) – 2 ou 6

IX ESTUDO DAS RAÍZES DE UMA EQUAÇÃO DO 2º GRAU

De acordo com o valor do discriminante, sabemos se a equação tem raízes iguais ou diferentes ou se ela não tem raízes reais.

Discriminante ($\Delta = b^2 - 4ac$)

1 – $ax^2 + bx + c = 0$, com a, b e c reais e $a \neq 0$.

$\Delta = b^2 - 4ac$ é chamado discriminante da equação.

Observe os três exemplos:

1) $2x^2 - 5x - 3 = 0$

$\Delta = 25 + 24 = 49$

$x = \dfrac{5 \pm 7}{4}$

$x = 3 \vee x = -\dfrac{1}{2}$

2) $4x^2 - 12x + 9 = 0$

$\Delta = 144 - 144 = 0$

$x = \dfrac{12 + 0}{8}$

$x = \dfrac{3}{2}$

3) $3x^2 - 7x + 5 = 0$

$\Delta = 49 - 60 = -11$

$x = \dfrac{7 \pm \sqrt{-11}}{6}$

As raízes não são reais.

$\Delta = b^2 - 4ac$

$\Delta > 0 \iff$ As raízes são reais e distintas

$\Delta = 0 \iff$ As raízes são reais e iguais

$\Delta < 0 \iff$ A equação não tem raízes reais

Para as equações incompletas não é necessário determinar o discriminante para dizer se ela tem raízes reais ou não, mas também podemos:

1) $ax^2 + bx = 0$, com $a \neq 0$ e $b \neq 0$

$ax^2 + bx + 0 = 0 \Longrightarrow \Delta = b^2 - 4(a)(0) \Longrightarrow \Delta = b^2 \Longrightarrow \boxed{\Delta \quad 0} \Longrightarrow$

A equação tem duas raízes reais distintas. Uma é o zero e a outra é $-\dfrac{b}{a}$

2) $ax^2 = 0$, $a \neq 0$

$ax^2 + 0x + 0 = 0 \Longrightarrow \Delta = 0^2 - 4 \cdot (a)(0) \Longrightarrow \boxed{\Delta = 0} \Longrightarrow$

Atenção tem duas raízes reais e iguais a zero.

3) $ax^2 + c = 0$

$ax^2 + 0x + c = 0 \Longrightarrow \Delta = 0^2 - 4ac \Longrightarrow \boxed{\Delta = -4ac}$

Se a e c tiverem sinais diferentes, – 4ac será maior que zero e ela terá duas raízes reais diferentes que são opostas. Se a e c tiverem os mesmos sinais, ab será positivo e – 4ac negativo e a equação não terá raízes reais.

$ax^2 + bx = 0 \Longrightarrow \Delta > 0 \Longrightarrow S = \left\{0, -\dfrac{b}{c}\right\}$

$ax^2 = 0 \Longrightarrow \Delta = 0 \Longrightarrow S = \{0\}$

$ax^2 + c = 0 \Longrightarrow \begin{cases} ac > 0 \Rightarrow \Delta \quad 0 \Rightarrow S = \varnothing \\ ac < 0 \Rightarrow \Delta \quad 0 \Rightarrow S = \left\{\pm\sqrt{\dfrac{c}{a}}\right\} \end{cases}$

Exemplos:

1) $5x^2 = 0$

$S = \{0\}$

2) $5x^2 + 7x = 0$

$S = \left\{0, -\dfrac{7}{5}\right\}$

3) $3x^2 - x = 0$

$S = \left\{0, \dfrac{1}{3}\right\}$

4) $5x + 7 = 0$

$S = \varnothing$

5) $4x^2 - 9 = 0$

$S = \left\{\pm\dfrac{3}{2}\right\}$

114 Determinando o discriminante ($A = b^2 - 4ac$), sem determinar as raízes, dizer se a equação tem raízes reais diferentes, raízes reais iguais ou não tem raízes reais, nos casos:

a) $2x^2 - 5x + 1 = 0$	b) $2x^2 - 5x + 4 = 0$	c) $9x^2 - 6x + 1 = 0$
d) $4x^2 - 5x + 3 = 0$	e) $4x^2 - 5x + 1 = 0$	f) $4x^2 - 20x + 25 = 0$

115 Sem determinar o discriminante, nem determinar as raízes, dizer se a equação tem raízes reais diferentes, tem raízes reais iguais ou não tem raízes reais, nos casos:

a) $5x^2 = 0$	b) $6x^2 = 0$	c) $7x^2 + 3x = 0$	d) $4x^2 - 5x = 0$
e) $x^2 - 16 = 0$	f) $x^2 + 25 = 0$	g) $4x^2 + 1 = 0$	h) $4x^2 - 1 = 0$
i) $8x^2 = 0$	j) $4x^2 + 7x = 0$	k) $5x^2 - 7 = 0$	l) $6x^2 + 5 = 0$
m) $4x^2 + 9x = 0$	n) $4x^2 + 9 = 0$	o) $4x^2 - 9x = 0$	p) $4x^2 - 9 = 0$

116 Dada uma equação do 2º grau, determinar o parâmetro **m**, de modo que as raízes da equação seja iguais, nos casos:

a) $2x^2 - 6x + 2m - 1 = 0$	b) $m^2x^2 - (2m - 3)x + 1 = 0$

Resp: **112** a) 8 e 12 b) 4 e 14 c) 7, 8 e 9 d) 5 selos e) $\frac{5}{2}$ ou $-\frac{2}{5}$ f) 14 g) 45 **113** a) 8 dias b) 20 e 24 c) 8 páginas por dia durante 15 dias. d) R$ 18.000,00 e)R$ 1.250,00 f)15,2% g) R$ 30,00 e R$ 30,00

117 Dada a equação $(m - 3)x^2 - 2(m + 2)x + 5m + 16 = 0$, determinar **m** para que a equação tenha raízes reais e iguais.

118 Dada a equação do 2º grau com parâmetro real **m**, determinar **m** de modo que a equação não tenha raízes reais, nos casos:

a) $2x^2 - 4x - (3m - 4) = 0$

b) $(2m - 3)x^2 - 6x + 3 = 0$

119 Dada a equação do 2º grau com parâmetro real **m**, determinar **m** de modo que equação tenha raízes reais diferentes.

a) $(2m - 1)x^2 - 8x + 2 = 0$

b) $mx^2 - (6m - 4)x + 9m - 2 = 0$

120 Dada a equação do 2º grau $(m + 2)x^2 - (3m + 6)x + 2m + 5 = 0$, determinar **m** de modo que suas raízes sejam reais e iguais.

121 Nas equações seguintes, determinar **m** de modo que suas raízes sejam reais e iguais.

a) $mx^2 - 2(m - 3)x + m - 8 = 0$

b) $x^2 - (4m - 2)x - (7 - 4m^2) = 0$

Resp: 114 a) Raízes reais e diferentes. b) Não tem raízes reais. c) Raízes reais e iguais. d) Não tem raízes diferentes. e) Raízes reais diferentes. f) Raízes reais e iguais.

115 a) Raízes reais e iguais. b) Raízes reais e iguais. c) Raízes reais diferentes. d) Raízes reais diferentes. e) Raízes reais diferentes. f) Não tem raízes reais. g) Não tem raízes reais. h) Raízes reais diferentes. i) Raízes reais e iguais. j) Raízes reais diferentes. k) Raízes reais diferentes. l) Não tem raízes reais. m) Raízes reais diferentes. n) Não tem raízes reais. o) Raízes reais diferentes. p) Raízes reais diferentes.

116 a) $m = \frac{11}{4}$ b) $m = \frac{3}{4}$

c) $(2m + 3)x^2 - 2(m + 3)x + 2(m - 1) = 0$

---

122 Dada a equação do 2º grau $(m + 2)x^2 - (3m + 6)x + 2m + 5 = 0$, determinar **m** de modo que suas raízes sejam reais e iguais.

X GEOMETRIA PLANA

Medidas

123 Completar:

a) 1 km = hm	1 hm = dam	1 dam = m
b) 1 m = dm	1 dm = cm	1 cm = mm
c) 1 km = dam	1 hm = m	1 dam = dm
d) 1 m = cm	1 dm = mm	1 km = m
e) 1 hm = dm	1 dam = cm	1 m = mm
f) 1 km = dm	1 hm = cm	1 dam = mm

124 Completar:

a) 1 dm = m	1 cm = m	1 mm = m
b) 1 m = dam	1 hm = km	1 dam = km
c) 1 m = hm	1 mm = dm	1 m = km
d) 1 cm = dm	1 dm = dam	1 mm = dam
e) 1 dam = hm	1 dm = hm	1 cm = dam
f) 1 dm = km	1 cm = km	1 mm = hm

Resp: **117** $m = 4$ ou $m = -\frac{13}{4}$ **118** a) $m < \frac{2}{3}$ b) $m > 3$ **119** a) $m < \frac{9}{2}$ b) $m < \frac{2}{5}$

120 $m = 2$ **121** a) $\frac{5}{3}$ b) 3

125 Completar, usando potência de base 10.

a) 1 km = m	1 km = dm	1 km = cm
b) 1 hm = m	1 hm = dm	1 hm = mm
c) 1 dam = cm	1 m = mm	1 m = dm
d) 1 km = mm	1 hm = cm	1 dam = mm
e) 1 km = hm	1 km = dam	1 hm = dam

km	hm	dam	m	dm	cm	mm

126 Completar, usando potência de base 10.

Lembre-se de que: $0{,}001 = \frac{1}{1000} = \frac{1}{10^3} = 10^{-3}$, $0{,}0001 = 10^{-4}$.

a) 1 m = dam	1 cm = dm
b) 1 mm = dm	1 m = hm
c) 1 cm = dam	1 cm = hm
d) 1 mm = hm	1 dm = km
e) 1 cm = km	1 m = km

127 Completar:

a) 2,785 m =	dm =	cm =	mm
b) 7432,5 m =	dam =	hm =	km
c) 52 m =	hm =	cm =	dam
d) 0,052 km =	m =	cm =	mm
e) 7 m =	km =	dam =	cm
f) 5000 mm =	m =	cm =	hm

128 Completar:

a) 1 km^2 = hm^2	1 hm^2 = dam^2	1 dam^2 = m^2
b) 1 m^2 = dm^2	1 dm^2 = cm^2	1 cm^2 = mm^2
c) 1 hm^2 = m^2	1 km^2 = dam^2	1 dm^2 = mm^2
d) 1 m^2 = cm^2	1 dam^2 = dm^2	1 km^2 = m^2
e) 1 hm^2 = dm^2	1 dam^2 = cm^2	1 m^2 = mm^2

129 Completar:

a) 1 dm^2 = m^2	1 hm^2 = km^2	1 mm^2 = cm^2
b) 1 dam^2 = hm^2	1 cm^2 = dm^2	1 m^2 = hm^2
c) 1 dam^2 = km^2	1 mm^2 = dm^2	1 cm^2 = m^2
d) 1 m^2 = km^2	1 mm^2 = m^2	1 dm^2 = hm^2

Resp: **121** c) $m = 3 \Rightarrow x = \frac{2}{3}, m = -\frac{5}{3} \Rightarrow x = -4$ **122** $\frac{2}{3}$ **123** a) 10 ; 10 ; 10 b) 10 ; 10 ; 10 c) 100 ; 100 ; 100 d) 100 ; 100 ; 1000 e) 1000 ; 1000 ; 1000 f) 10000 ; 10000 ; 10000

124 a) 0,1 ; 0,01 ; 0,001 b) 0,1 ; 0,1 ; 0,01 c) 0,01 ; 0,01 ; 0,001 d) 0,1 ; 0,01 ; 0,0001 e) 0,1 ; 0,001 ; 0,001 f) 0,0001 ; 0,00001 ; 0,00001

130 Completar, usando potência de base 10.

a) $1\ km^2 =$ m^2	$1\ hm^2 =$ m^2	$1\ hm^2 =$ dm^2
b) $1\ km^2 =$ dm^2	$1\ hm^2 =$ cm^2	$1\ km^2 =$ cm^2
c) $1\ dam^2 =$ cm^2	$1\ km^2 =$ dam^2	$1\ dam^2 =$ mm^2
d) $1\ m^2 =$ mm^2	$1\ km^2 =$ mm^2	$1\ dm^2 =$ mm^2

131 Completar:

a) $3{,}4897\ m^2 =$ $dm^2 =$ $cm^2 =$ mm^2

b) $479860\ m^2 =$ $dam^2 =$ $hm^2 =$ km^2

c) $49\ m^2 =$ $dm^2 =$ $cm^2 =$ mm^2

d) $0{,}002\ hm^2$ $dam^2 =$ $cm^2 =$ m^2

e) $9\ m^2 =$ $dam^2 =$ $cm^2 =$ hm^2

f) $0{,}07\ hm^2 =$ $dm^2 =$ $km^2 =$ cm^2

132 Completar:

a) $1\ m^3 =$ dm^3	$1\ dm^3 =$ cm^3	$1\ cm^3 =$ mm^3
b) $1\ km^3 =$ hm^3	$1\ hm^3 =$ dam^3	$1\ dam^3 =$ m^3
c) $1\ m^3 =$ cm^3	$1\ km^3 =$ dam^3	$1\ dm^3 =$ mm^3
d) $1\ hm^3 =$ m^3	$1\ dam^3 =$ cm^3	$1\ km^3 =$ m^3

133 Completar:

a) 1 dm^3 = m^3	1 mm^3 = cm^3	1 cm^3 = dm^3
b) 1 hm^3 = km^3	1 m^3 = dam^3	1 dam^3 = hm^3
c) 1 cm^3 = m^3	1 m^3 = hm^3	1 dam^3 = km^3
d) 1 mm^3 = dm^3	1 dm^3 = dam^3	1m^3 = km^3

134 Completar, usando potência de base 10.

a) 1 km^3 = m^3	1 km^3 = dm^3
b) 1 hm^3 = m^3	1 dam^3 = cm^3
c) 1 m^3 = cm^3	1 dm^3 = mm^3
d) 1 km^3 = cm^3	1 km^3 = mm^3
e) 1 hm^3 = mm^3	1 hm^3 = cm^3
f) 1 dam^3 = dm^3	1 dam^3 = mm^3
g) 1 m^3 = dm^3	1 m^3 = mm^3

Resp: **125** a) 10^3 ; 10^4 ; 10^5 b) 10^2 ; 10^3 ; 10^5 c) 10^3 ; 10^3 ; 10 d) 10^6 ; 10^4 ; 10^4 e) 10 ; 10^2 ; 10

126 a) 10^{-1} ; 10^{-1} b) 10^{-2} ; 10^{-2} c) 10^{-3} ; 10^{-4} d) 10^{-5} ; 10^{-4} e) 10^{-5} ; 10^{-3}

127 a) 27,85 dm = 278,5 cm = 2785 mm b) 743,25 dam = 74,325 hm = 7,4325 km c) 0,52 hm = 5200 cm = 5,2 dam d) 52 m = 5200 cm = 52000 mm e) 0,007 km = 0,7 dam = 700 cm f) 5 m = 500 cm = 0,05 hm

128 a) 100 ; 100 ; 100 b) 100 ; 100 ; 100 c) 10 000 ; 10 000 ; 10 000 d) 10 000 ; 10 000 ; 1000 000 e) 1000 000 ; 1000 000 ; 1000 000

129 a) 0,01 ; 0,01 ; 0,01 b) 0,01 ; 0,01 ; 0,0001 c) 0,0001 ; 0,0001 ; 0,0001 d) 0,000 001 ; 0,000 001 ; 0,000 001

135 Completar:

a) $1,2345\ m^3 =$ $dm^3 =$ $cm^3 =$ mm^3

b) $235756\ m^3 =$ $dam^3 =$ $hm^3 =$ km^3

c) $71\ m^3 =$ $cm^3 =$ $dam^3 =$ mm^3

d) $0,00005\ hm^3 =$ $dam^3 =$ $km^3 =$ m^3

e) $6\ dm^3 =$ $cm^3 =$ $hm^3 =$ mm^3

136 Transformar em m, m^2 ou m^3, conforme for o caso, com apenas um algarismo e não nulo, antes da vírgula, as seguintes medidas:

a) $351,3 \cdot 10^8\ cm =$

b) $0,00025 \cdot 10^{-3}\ dam^2 =$

c) $125 \cdot 10^{15}\ mm^3 =$

d) $0,000075 \cdot 10^{-3}$ km^2=

---

e) $0,0031 \cdot 10^{-8}$ km =

---

f) $0,021 \cdot 10^{-5}$ hm^3 =

---

g) $52300 \cdot 10^7$ cm^2 =

---

h) $570000 \cdot 10^{-7}$ km^3 =

Resp: **130** a) 10^6 ; 10^4 ; 10^6 b) 10^8 ; 10^8 ; 10^{10} c) 10^6 ; 10^4 ; 10^8 d) 10^6 ; 10^{12} ; 10^4

131 a) 348,97 dm^2 = 34897 cm^2 = 3489700 mm^2 b) 4798,6 dam = 47,986 hm^2 = 0,47986 km^2

c) 4900 dm^2 = 490 000 cm^2 = 49 000 000 mm^2 d) 0,2 dam^2 = 200 000 cm^2 = 20 m^2

e) 0,09 dam^2 = 90 000 cm^2 = 0,0009 hm^2 f) 70 000 dm^2 = 0,0007 km^2 = 7000 000 cm^2

132 a) 1000 ; 1000 ; 1000 b) 1000 ; 1000 ; 1000 c) 1000 000 ; 1000 000 ; 1000 000

d) 1000 000 ; 1000 000 000 ; 1000 000 000 **133** a) 0,001 ; 0,001 ; 0,001 b) 0,001 ; 0,001 ; 0,001

c) 0,000 001 ; 0,000 001 ; 0,000 001 d) 0,000 001 ; 0,000 001 ; 0,000 000 001

134 a) 10^9 ; 10^{12} b) 10^6 ; 10^9 c) 10^6 ; 10^6 d) 10^{15} ; 10^{18} e) 10^{15} ; 10^{12} f) 10^6 ; 10^{12} g) 10^3 ; 10^9

Teorema de Tales

137 Determine o valor de x, nos casos: (Há um feixe de paralelas e transversais).

a)

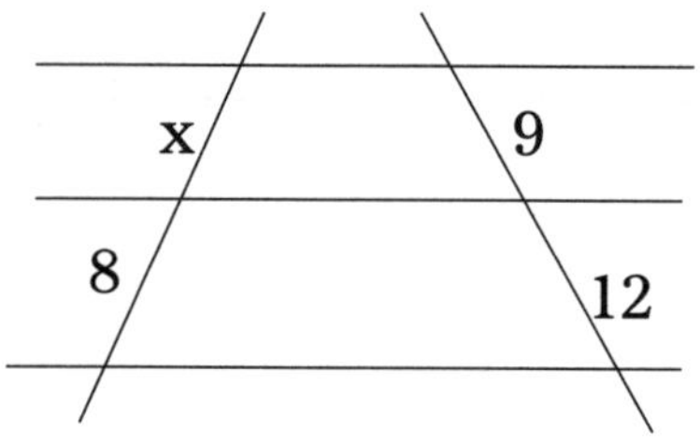

b)

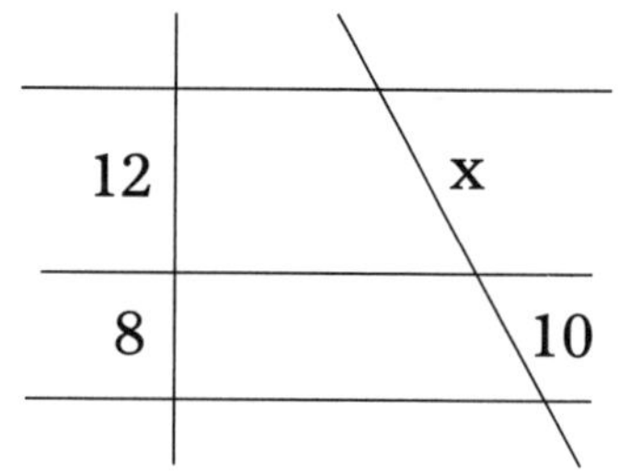

c)

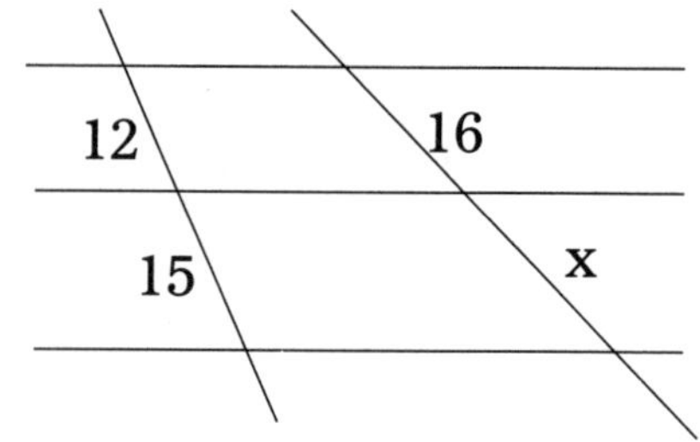

138 Em cada caso temos um feixe de paralelas cortadas por transversais. Determinar as incógnitas.

a)

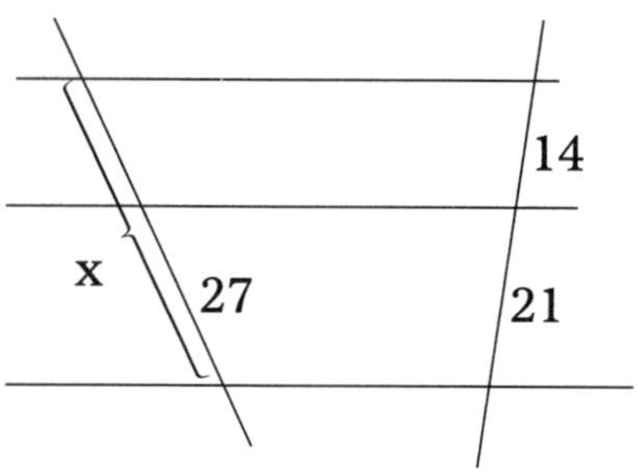

b)

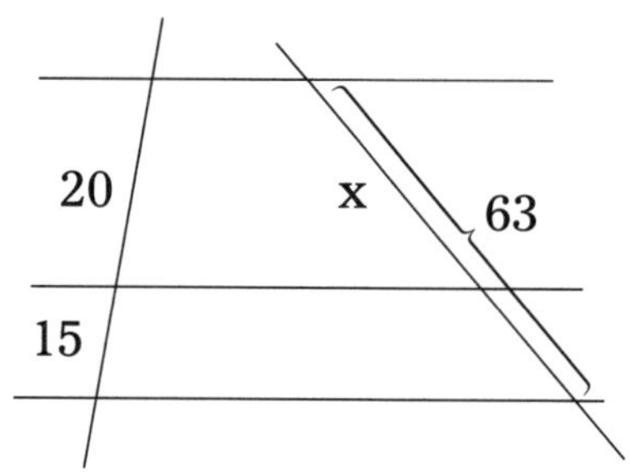

c)

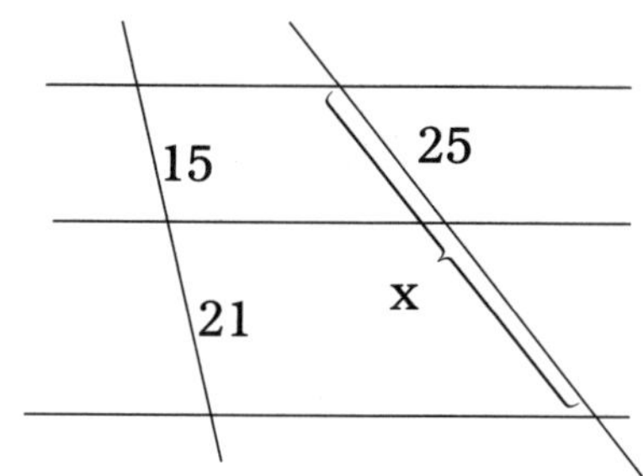

d)

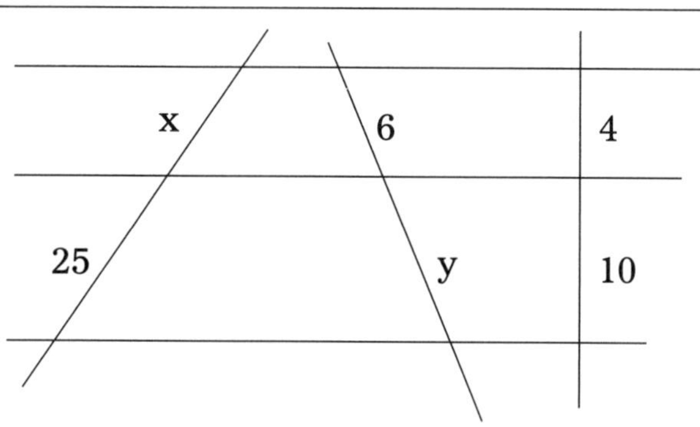

e)

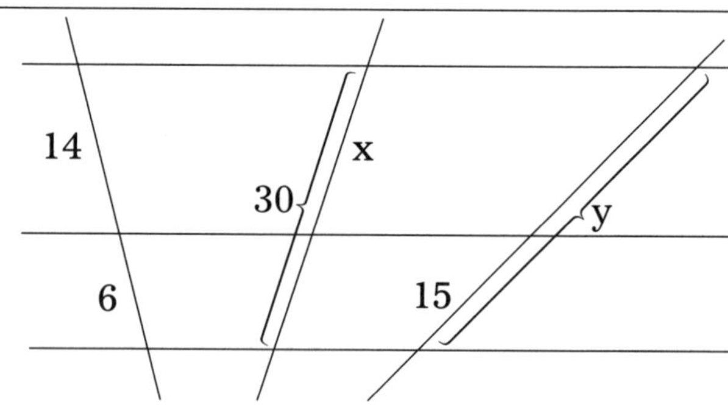

f)

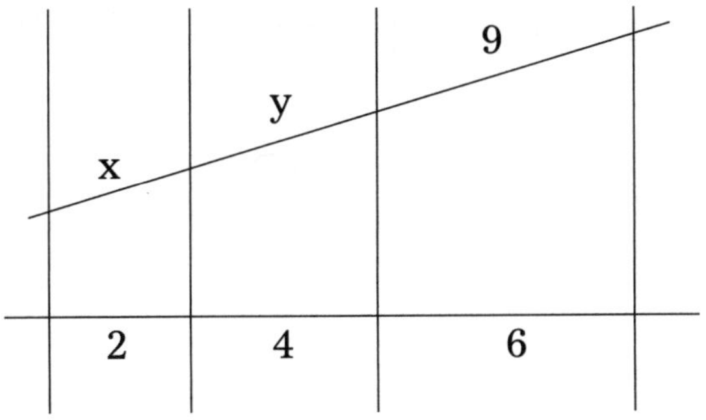

g)

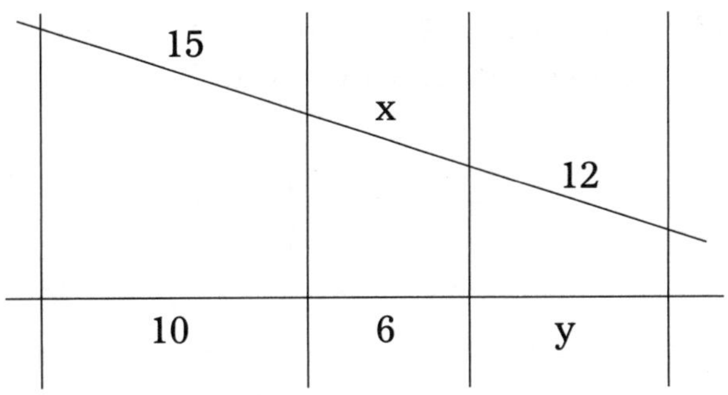

139 Em cada caso temos um feixe de paralelas cortadas por transversais, determine as incógnitas.

a)

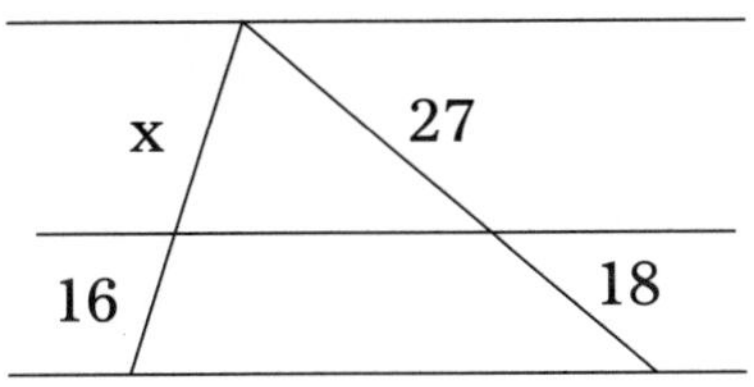

b)

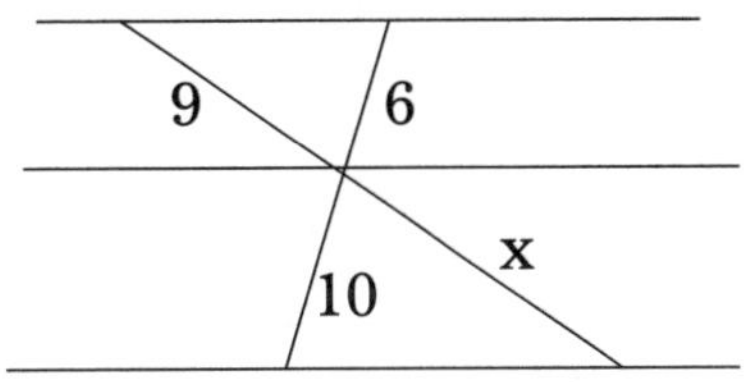

c)

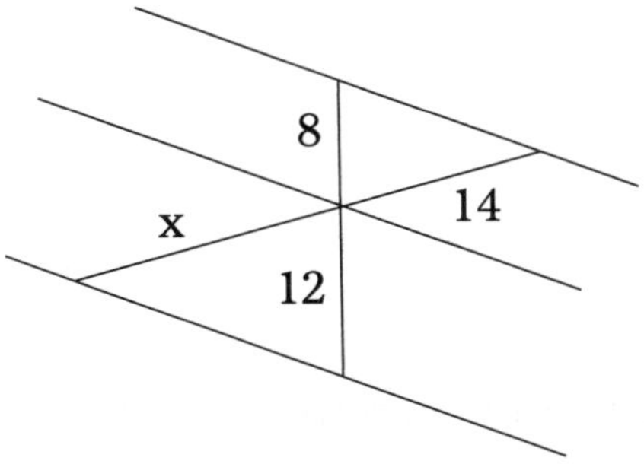

d)

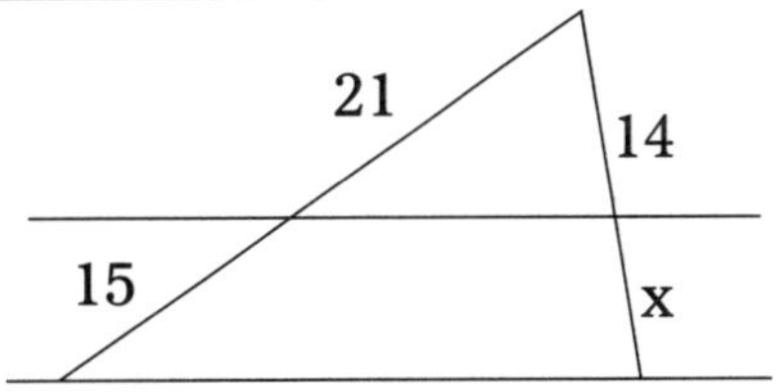

e)

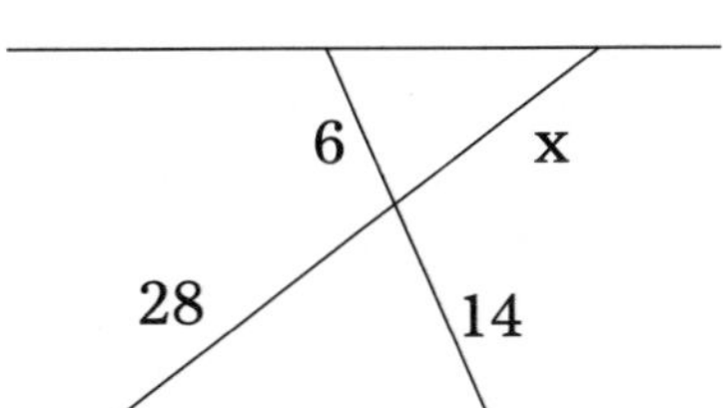

Resp: **135** a) 1234,5 dm³ = 1234500 cm³ = 1234500 000 mm³ b) 235,756 dam³ = 0,235756 hm³ = 0,000 235 756 km³

c) 71 000 000 cm³ = 0,071 dam³ = 71 000 000 000 mm³ d) 0,05 dam³ = 0,000 000 05 km³ = 50 m³

e) 6000 cm³ = 0,000 000 006 hm³ = 6000 000 mm³

136 a) $3,513 \cdot 10^8$ m b) $2,5 \cdot 10^{-5}$ m c) $1,25 \cdot 10^8$ m³ d) $7,5 \cdot 10^{-2}$ m² e) $3,1 \cdot 10^{-8}$ m f) $2,1 \cdot 10^{-1}$ m³ g) $5,23 \cdot 10^7$ m² h) $5,7 \cdot 10^7$ m³

140 Em cada caso temos um feixe de retas paralelas, cortadas por retas transversais. Determine os valores de x e y.

a)

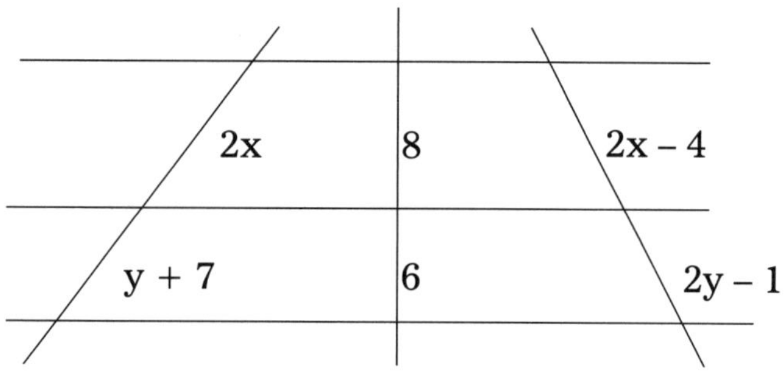

b)

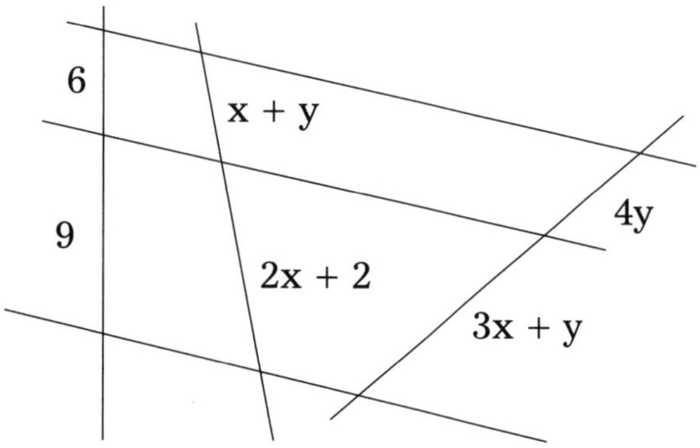

141 Na figura temos um feixe de paralelas cortadas por transversais. Determine as incógnitas.

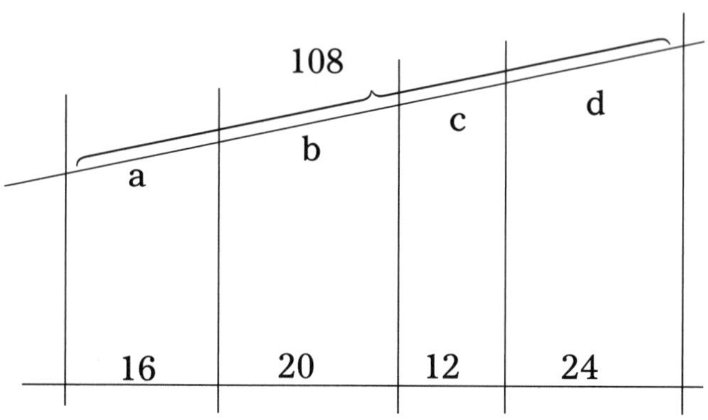

Semelhança de Triângulos

142 Considerar, em cada caso, que ângulos com "marcas" iguais têm medidas iguais. Determinar as incógnitas.

a)

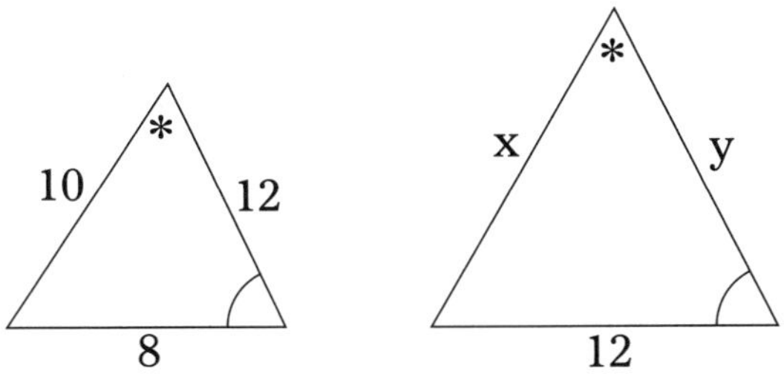

b)

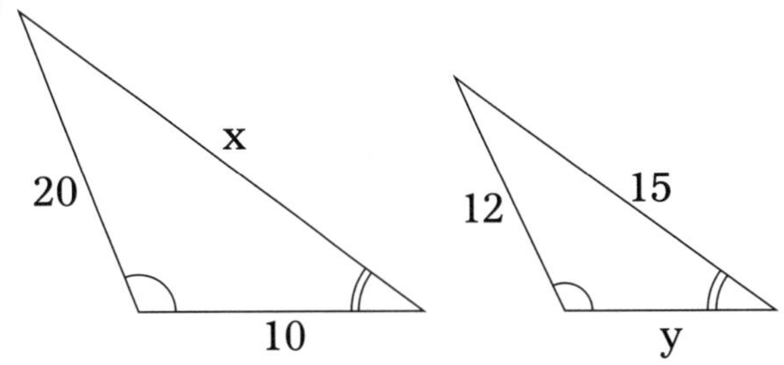

c)

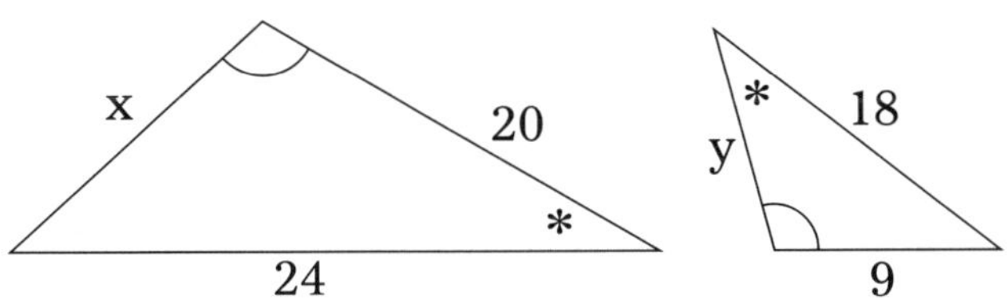

d)

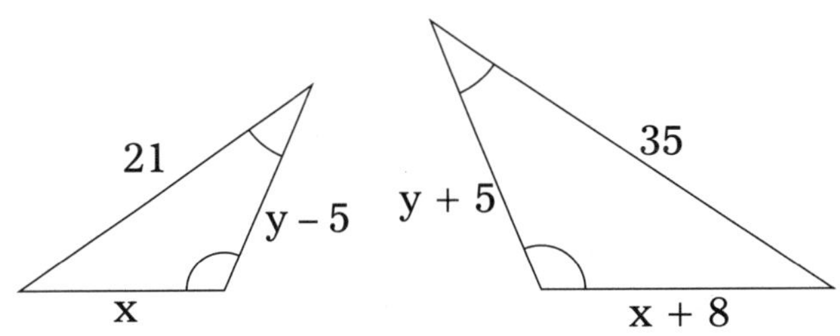

e)

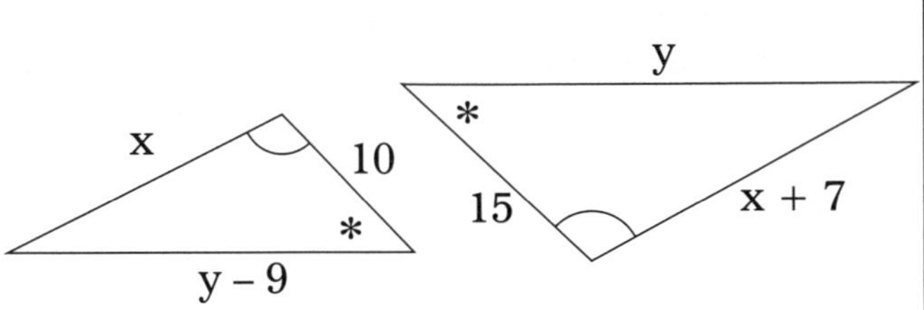

f)

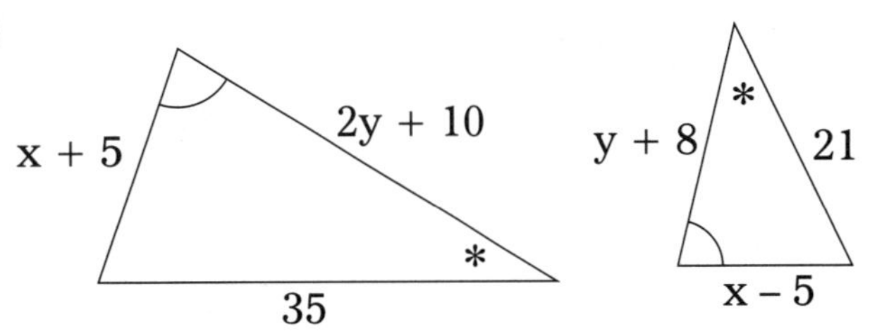

Resp: **137** a) 6 b) 15 c) 20 f) x = 3, y = 6 g) x = 9 , y = 8 **138** a) 45 b) 36 c) 60 d) x = 10 , y = 15 e) x = 21, y = 50 **139** a) 24 b) 15 c) 21 d) 10 e) 12

143 Considerar que ângulos com "marcas" iguais têm medidas iguais. Determinar o valor das incógnitas, nos casos:

a)

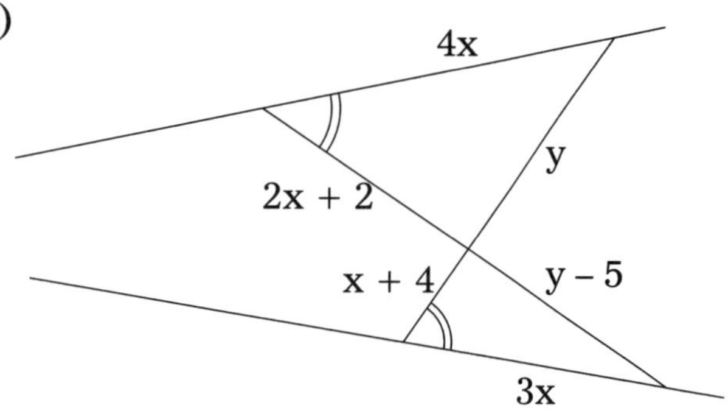

b)

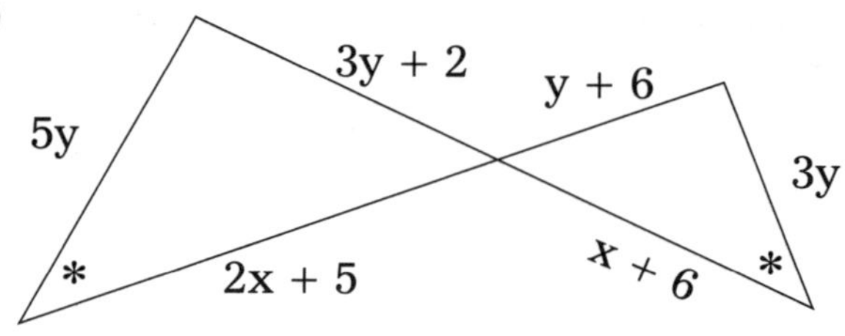

c) r e s são paralelas

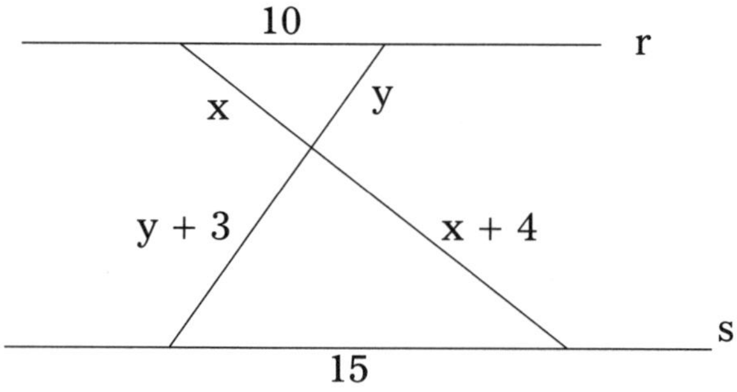

d)

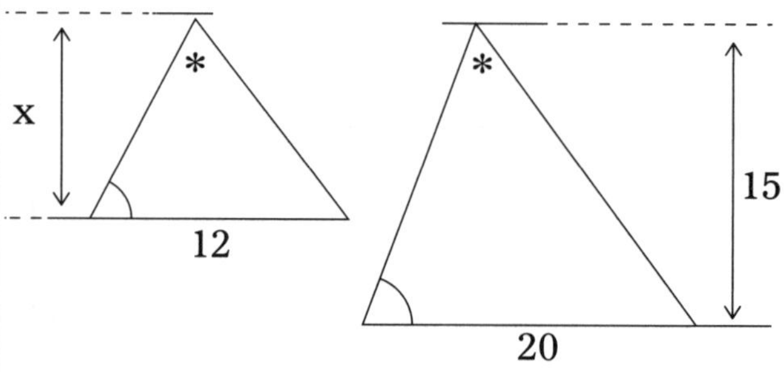

e) r e s são paralelas

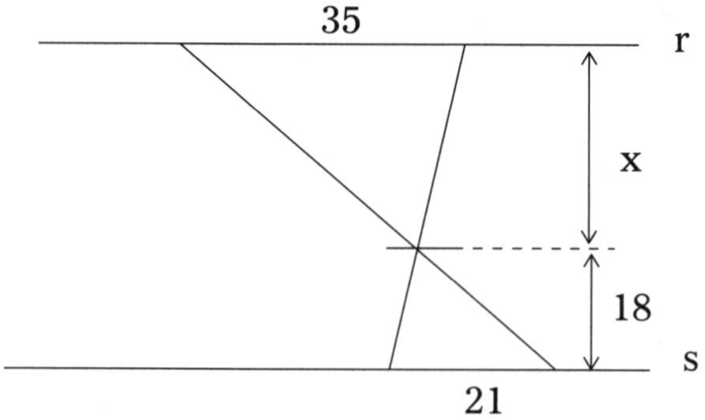

f) r e s são paralelas

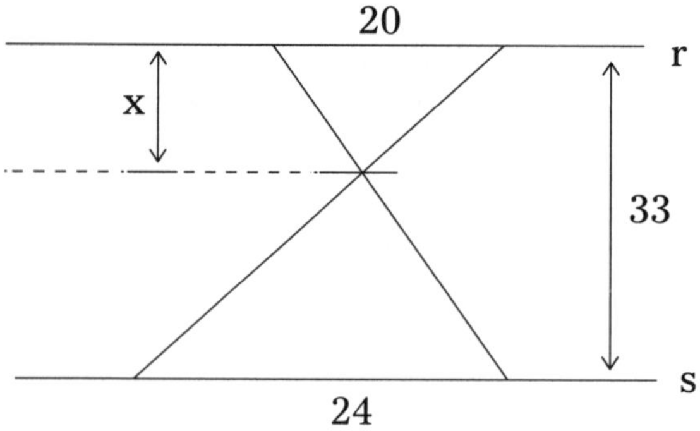

144 Determinar as incógnitas, nos casos:

a)

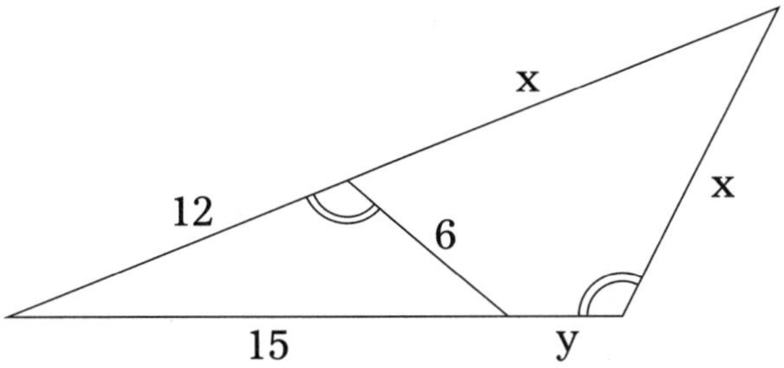

b)

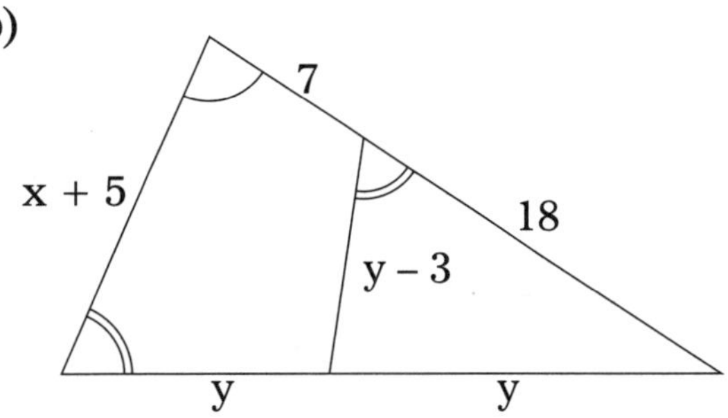

c)

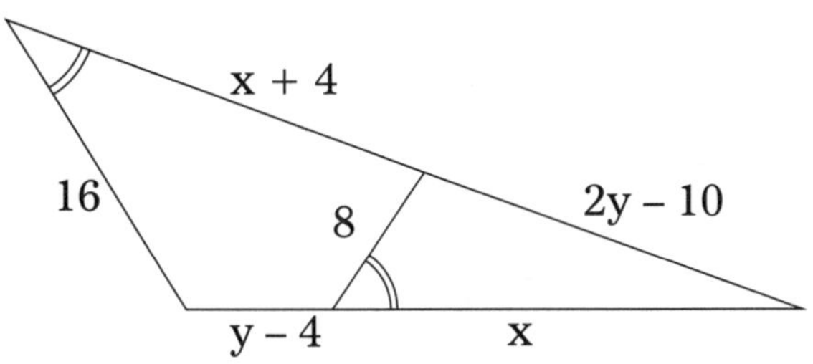

d)

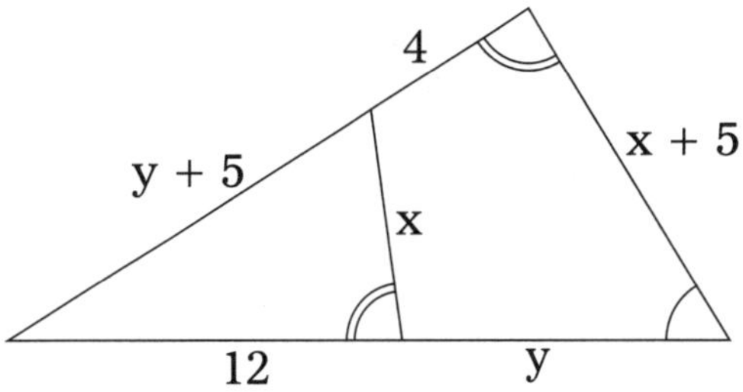

Resp: **140** a) x = 8 , y = 5 b) x = 5 , y = 3 **141** a = 24 , b = 30 , c = 18 , d = 36

142 a) x = 15 , y = 18 b) x = 25 , y = 6 c) x = 12 , y = 15 d) x = 12 , y = 20 e) x = 14 , y = 27 f) x = 20 , y = 10

145 Determinar as incógnitas, nos casos:

a)

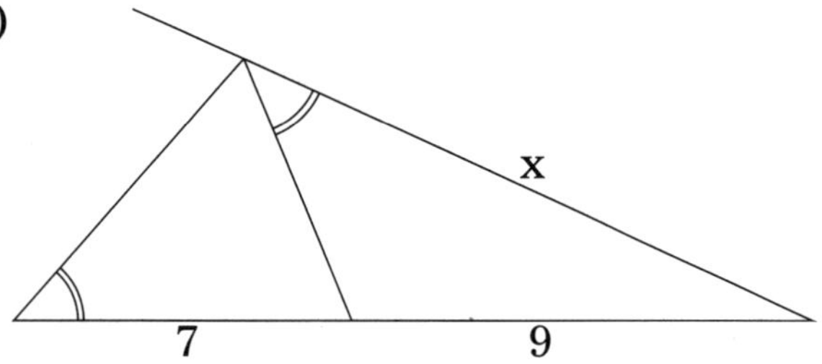

b)

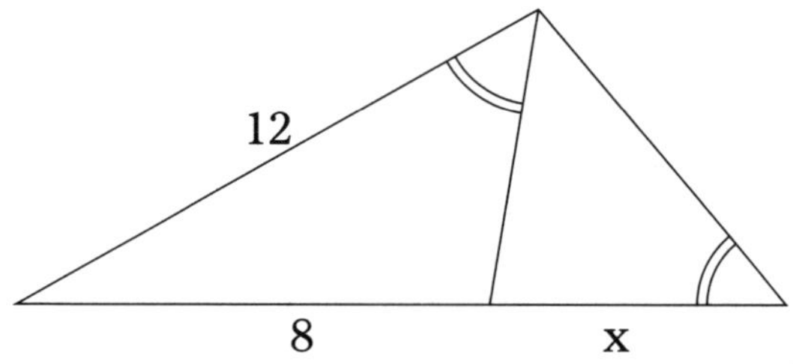

c)

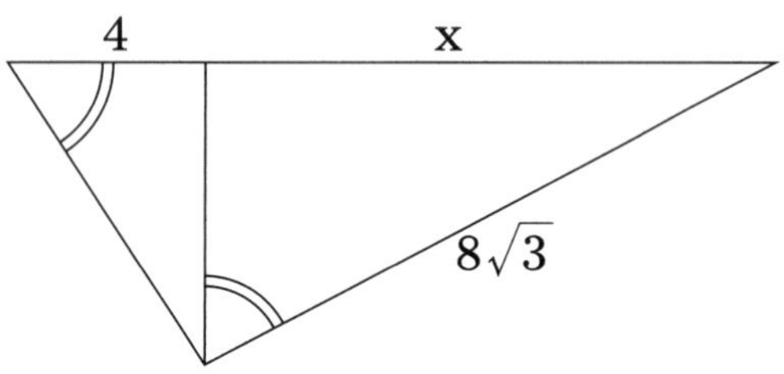

d)

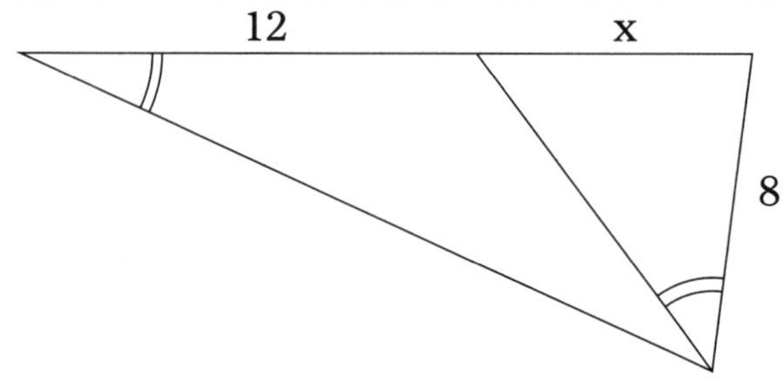

e)

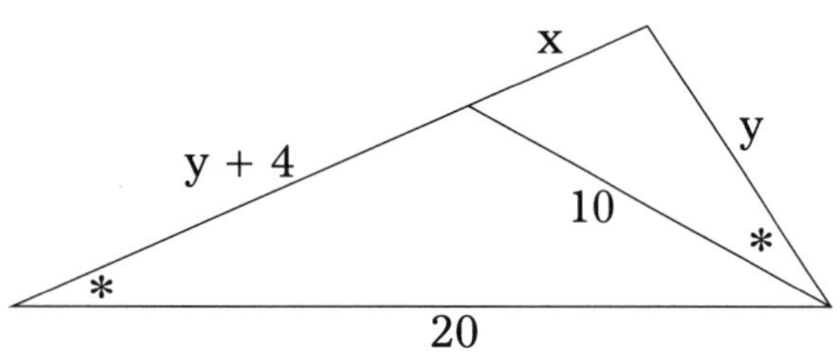

f)

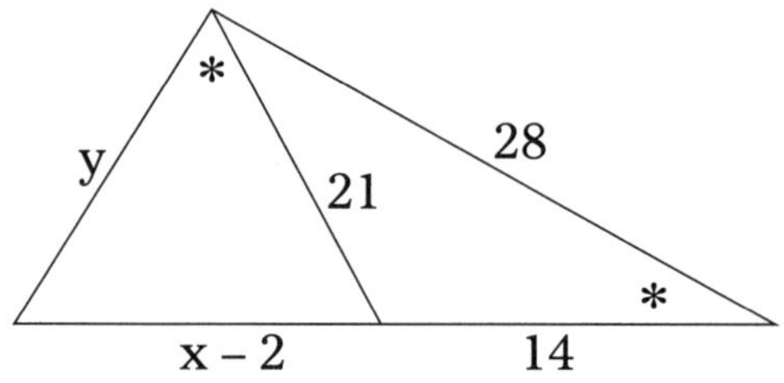

146 Determinar a incógnita, nos casos:

a)

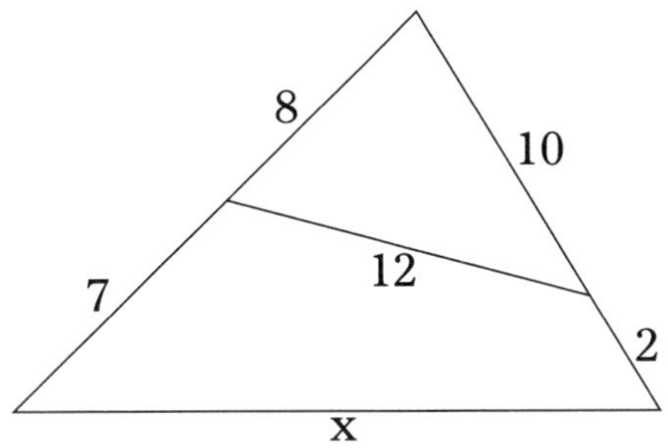

b)

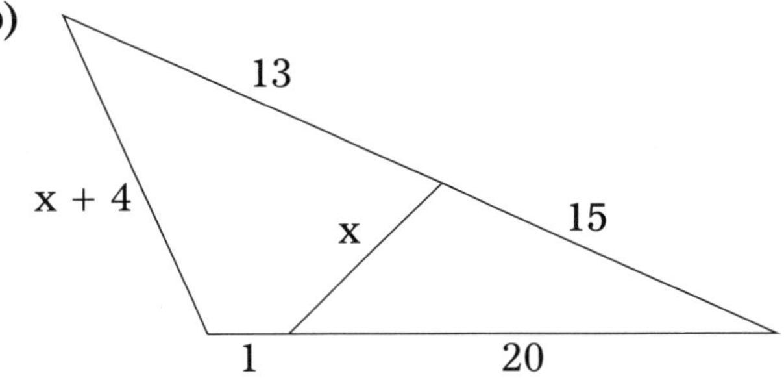

Teorema de Pitágoras

147 Completar:

a) $11^2 =$	$12^2 =$	$13^2 =$	$14^2 =$
b) $15^2 =$	$16^2 =$	$17^2 =$	$18^2 =$
c) $19^2 =$	$20^2 =$	$21^2 =$	$22^2 =$
d) $23^2 =$	$24^2 =$	$25^2 =$	$26^2 =$
e) $27^2 =$	$28^2 =$	$29^2 =$	$30^2 =$
f) $35^2 =$	$45^2 =$	$55^2 =$	$65^2 =$

148 Determinar a hipotenusa do triângulo retângulo dado, nos casos:

a)

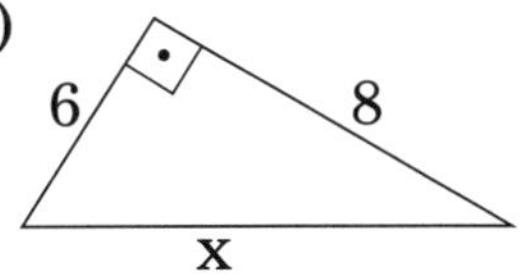

b)

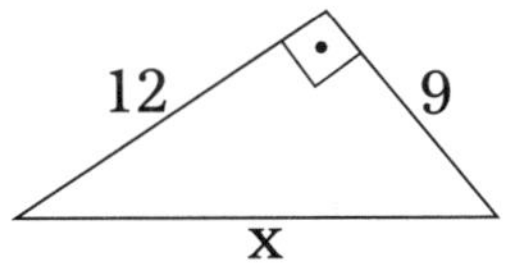

c)

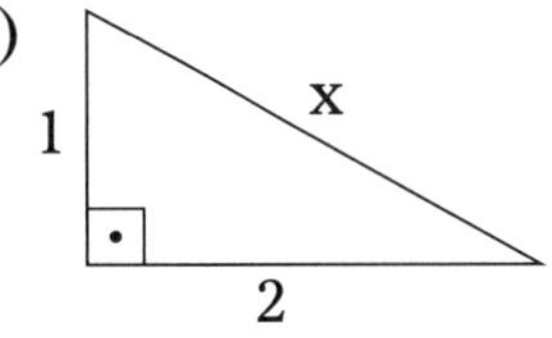

d)

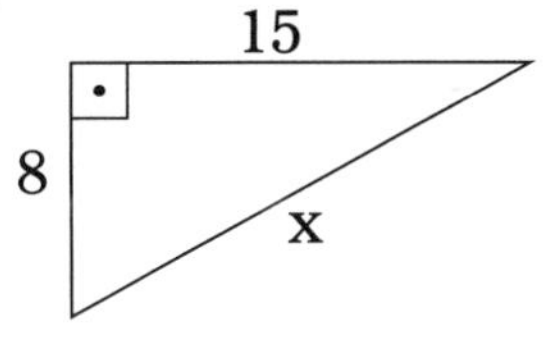

e)

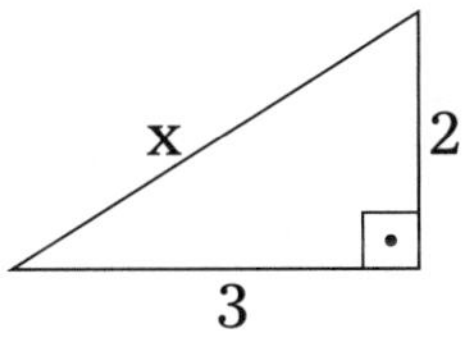

f)

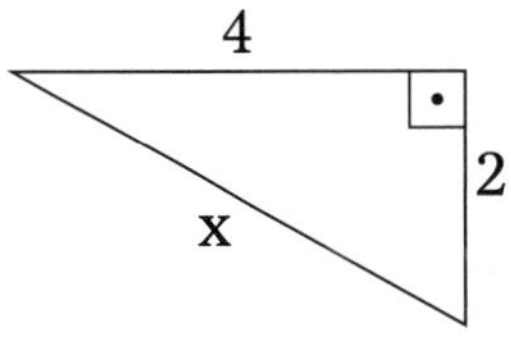

Resp: **143** a) x = 5 , y = 20 b) x = 15 , y = 6 c) x = 8 , y = 6 d) x = 9 e) x = 30 f) x = 15

144 a) x = 8 , y = 1 b) x = y = 15 c) x = 14 , y = 10 d) x = 10 , y = 9

149 Determinar a hipotenusa do triângulo retângulo, nos casos:

a)

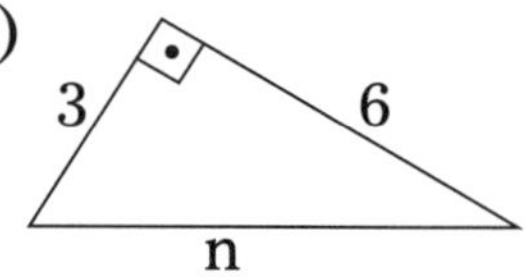

b)

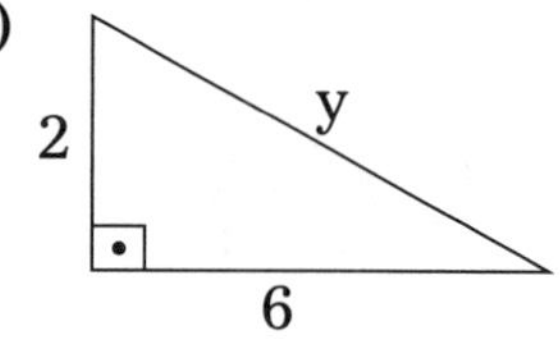

c)

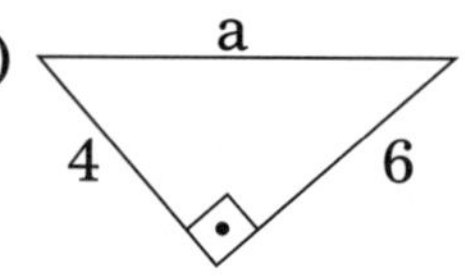

d)

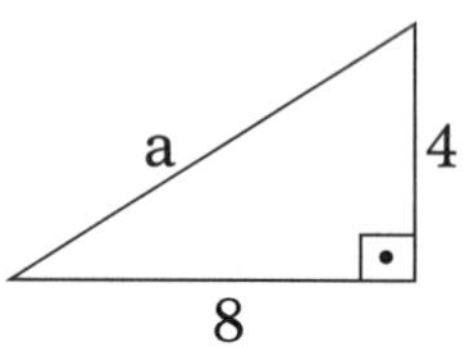

e)

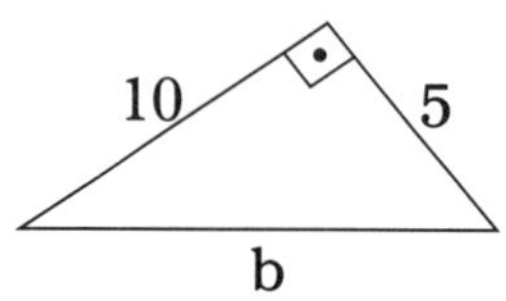

f)

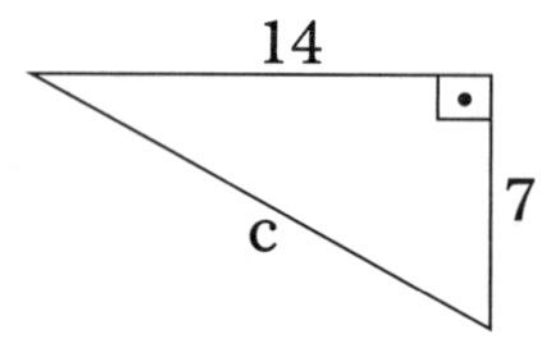

g)

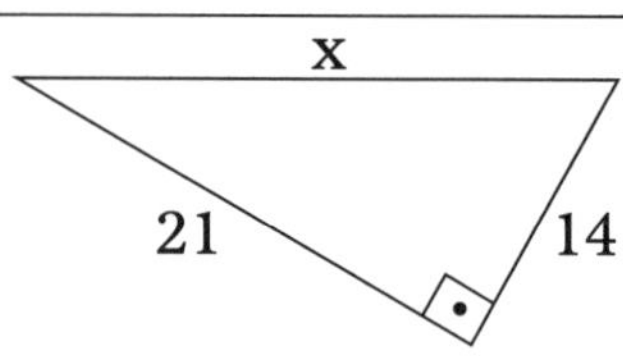

h)

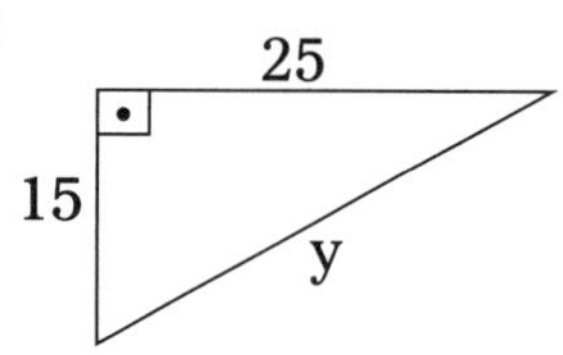

i)

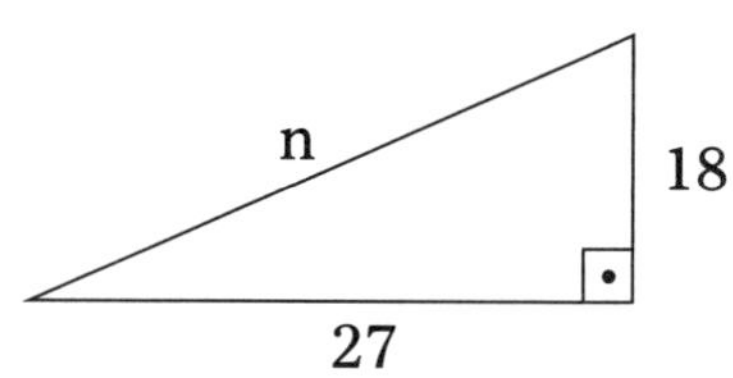

j)

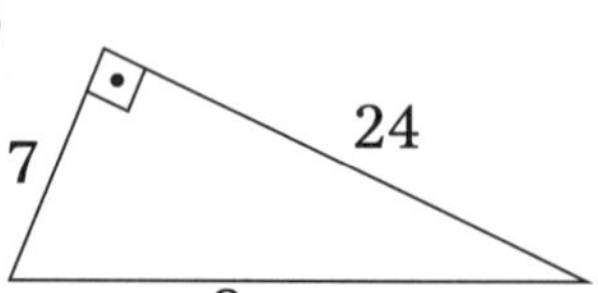

k)

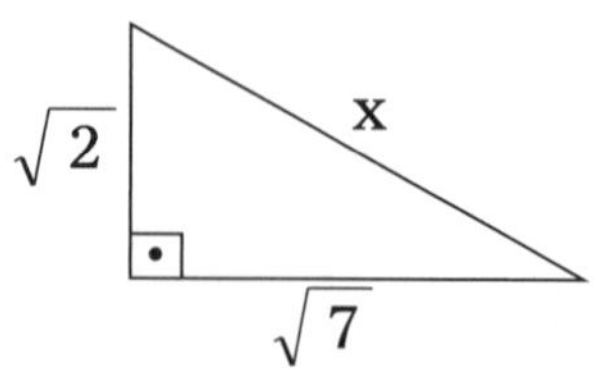

l)

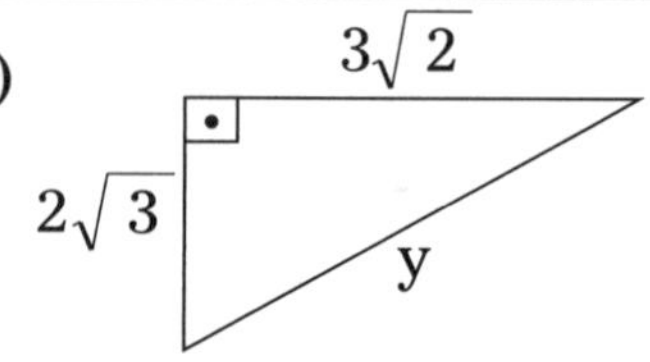

150 Determinar a hipotenusa do triângulo retângulo, nos casos:

a)

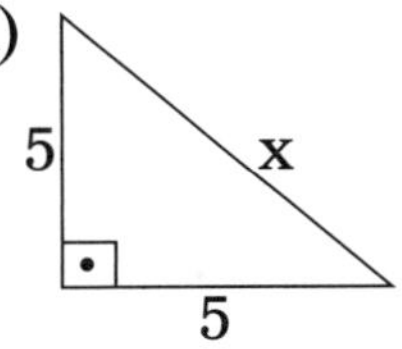

b)

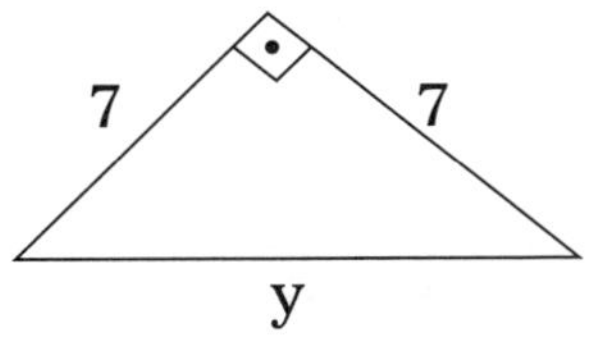

c)

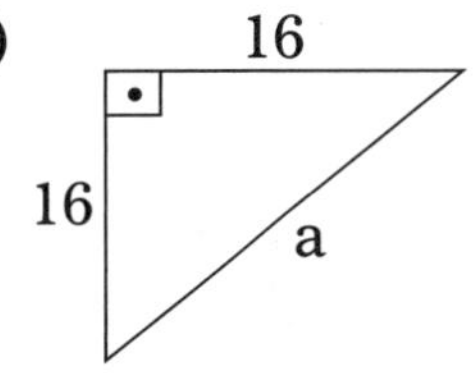

d)

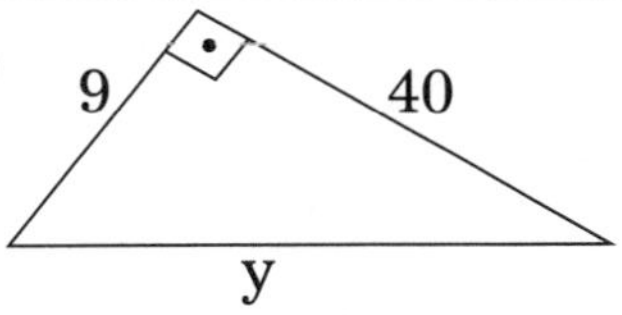

e)

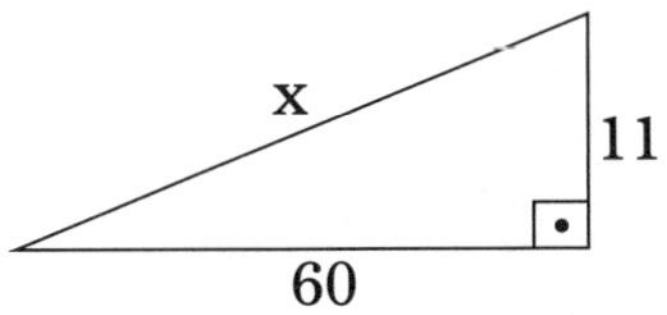

f)

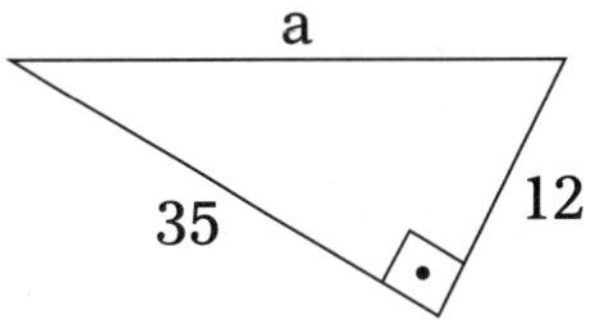

151 Determinar o cateto incógnito do triângulo retângulo, nos casos:

a)

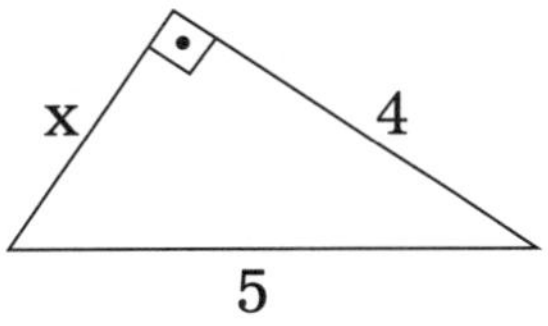

b)

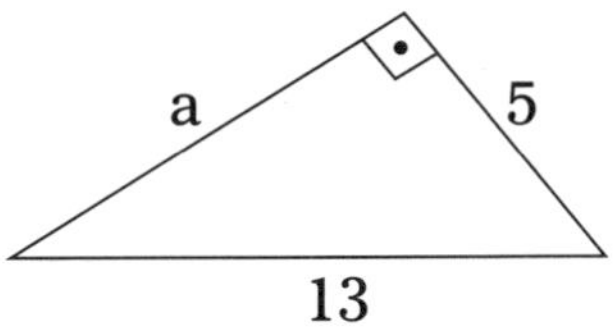

c)

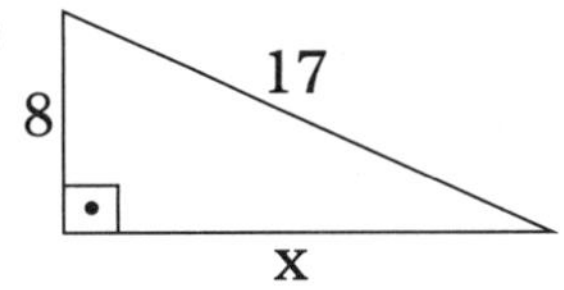

d)

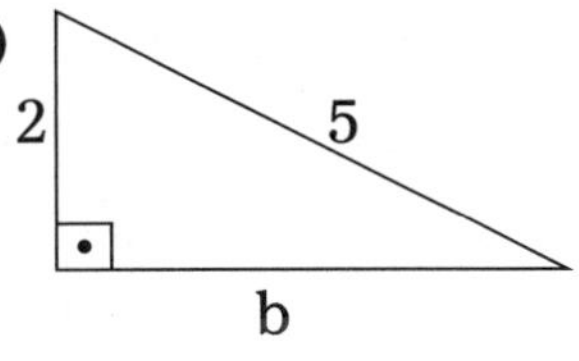

e)

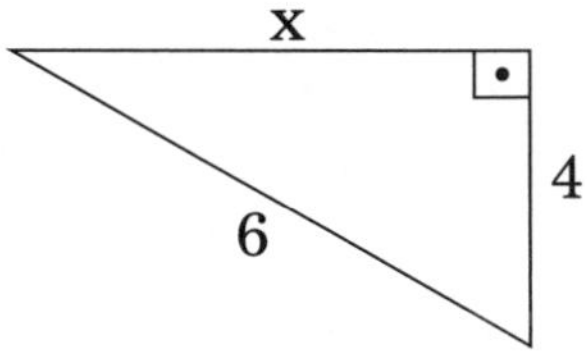

f)

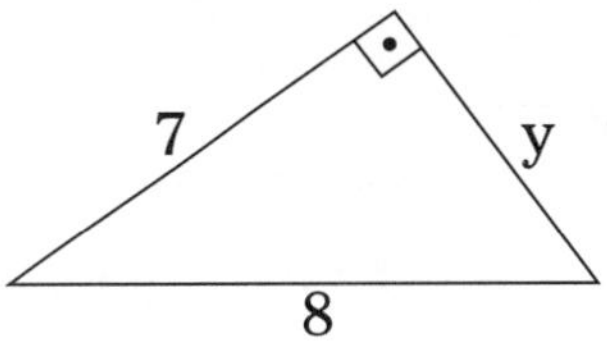

Resp: **145** a) x = 12 b) x = 10 c) x = 12 d) x = 4 e) x = 4 , y = 8 f) x = 20 , y = 20 **146** a) 18 b) 10

147 a) 121, 144, 169, 196 b) 225, 256, 289, 324 c) 361, 400, 441, 484 d) 529, 576, 625, 676 e) 729, 784, 841, 900 f) 1225, 2025, 3025, 4225 **148** a) 10 b) 15 c) $\sqrt{5}$ d) 17 e) $\sqrt{13}$ f) $2\sqrt{5}$

152 Determinar o cateto incógnito do triângulo retângulo, nos casos:

a)

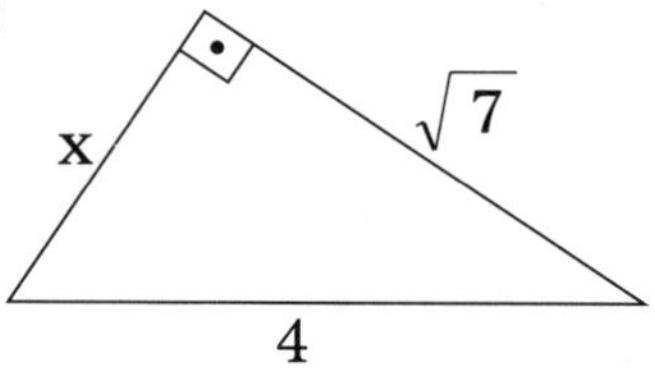

b)

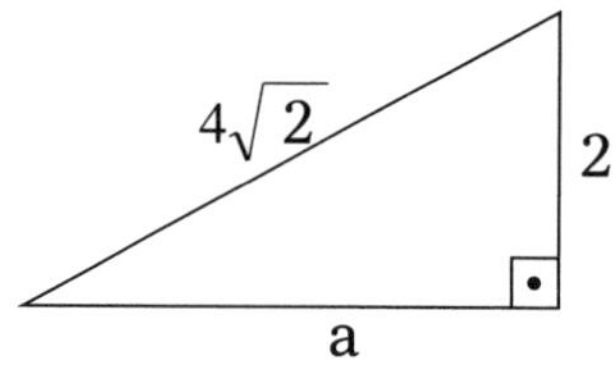

c)

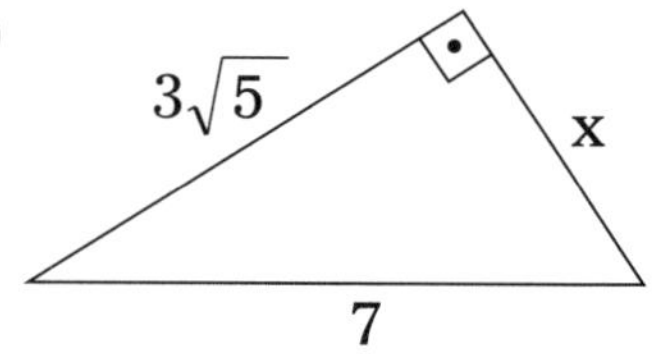

d)

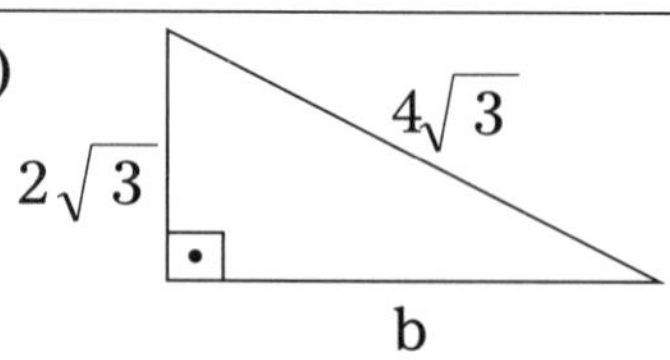

e)

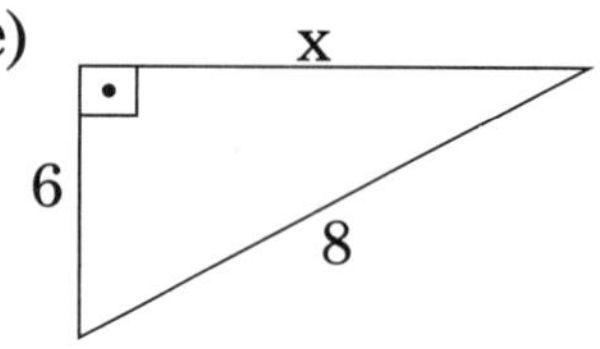

f)

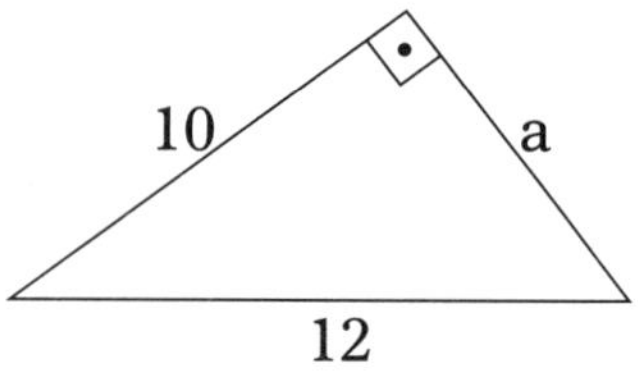

g)

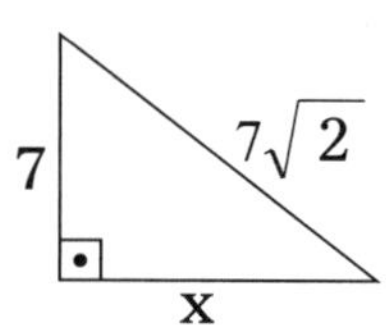

h)

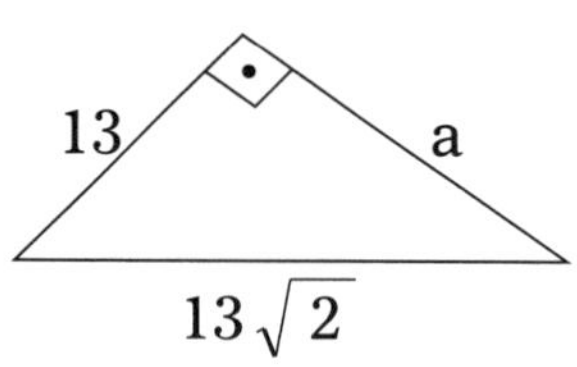

i)

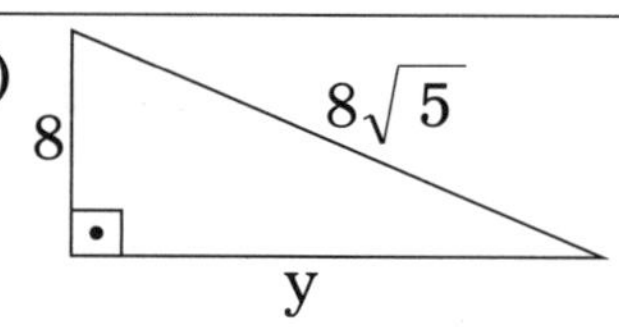

j)

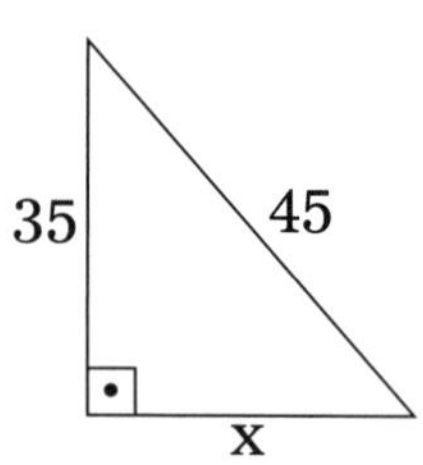

153 Determinar o cateto incógnito do triângulo retângulo, nos casos:

a)

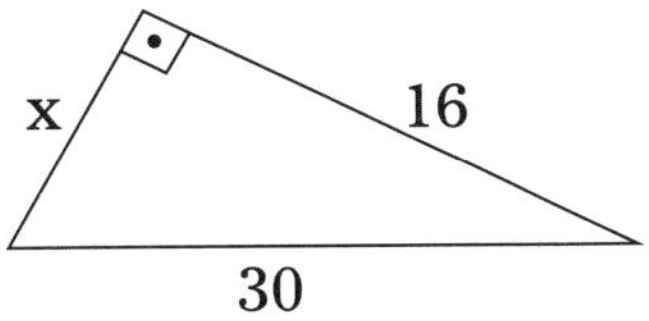

b)

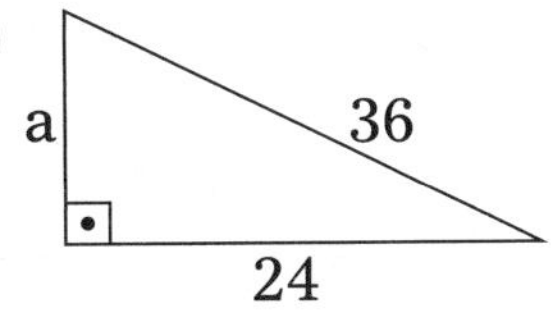

c)

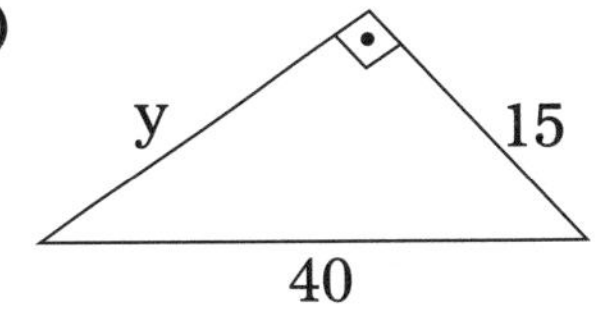

d)

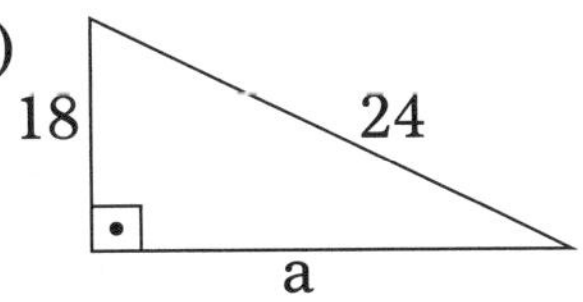

e)

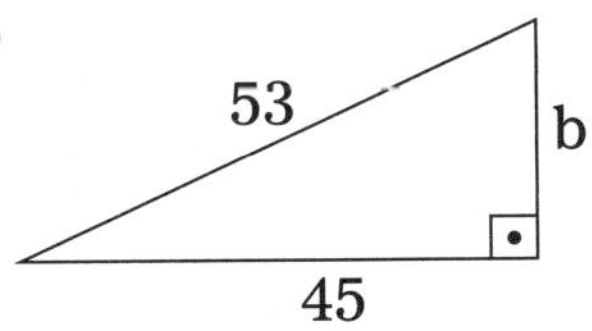

f)

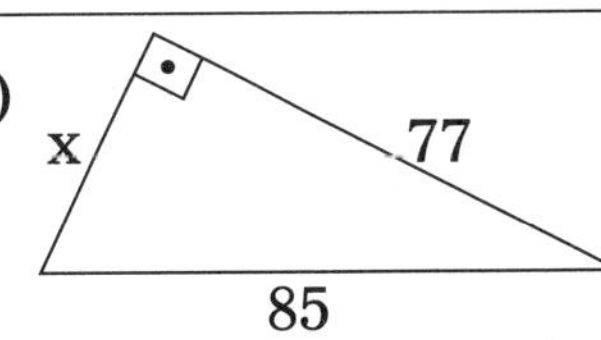

154 Determinar a incógnita, nos casos:

a)

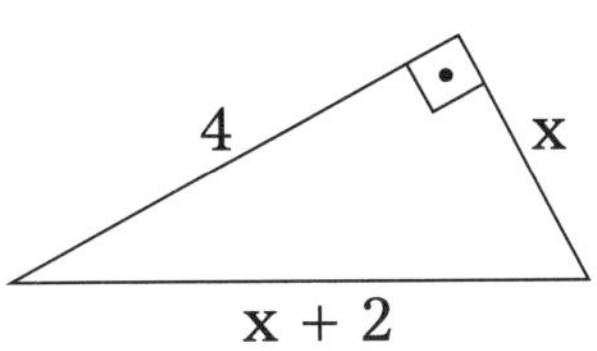

b)

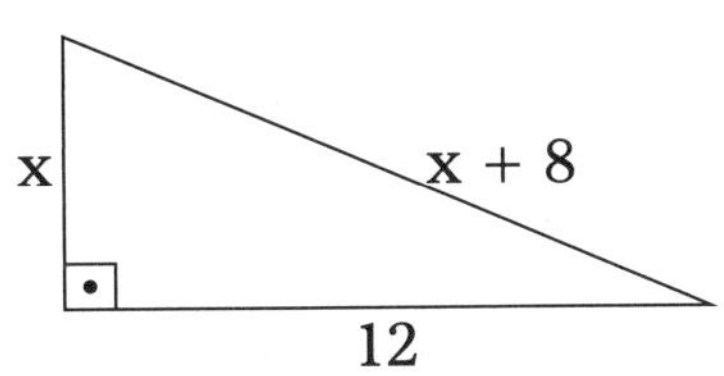

c)

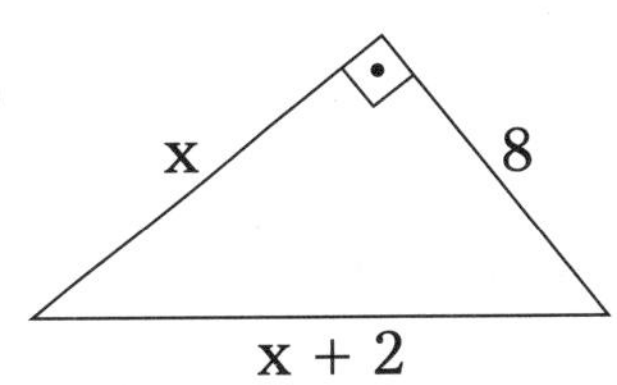

d)

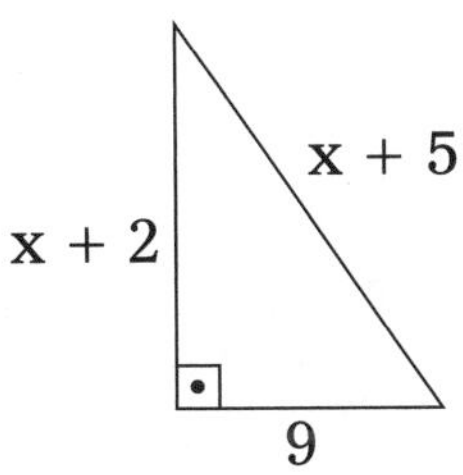

e)

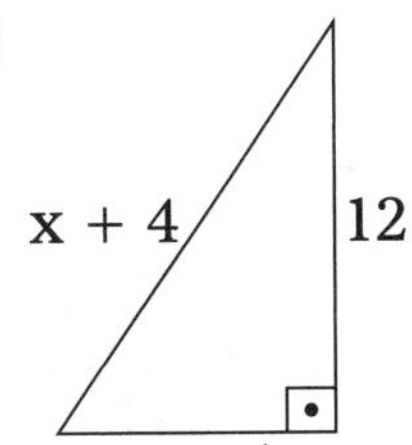

Resp: **149** a) $3\sqrt{5}$ b) $2\sqrt{10}$ c) $2\sqrt{15}$ d) $4\sqrt{5}$ e) $5\sqrt{5}$ f) $7\sqrt{5}$ g) $7\sqrt{13}$ h) $5\sqrt{34}$ i) $9\sqrt{13}$ j) 25 k) 3 l) $\sqrt{30}$

150 a) $5\sqrt{2}$ b) $7\sqrt{2}$ c) $16\sqrt{2}$ d) 41 e) 61 f) 37 **151** a) 3 b) 12 c) 15 d) $\sqrt{21}$ e) $2\sqrt{5}$ f) $\sqrt{15}$

155 Determinar a incógnita, nos casos:

a)

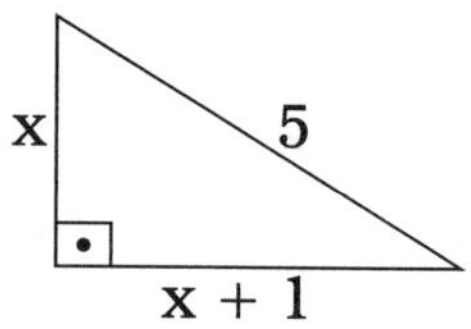

b)

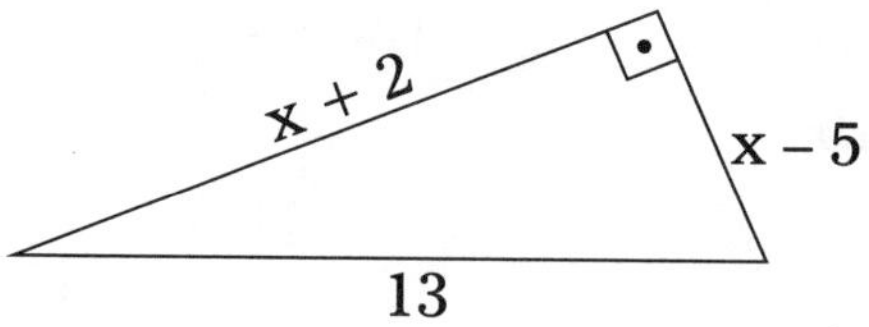

c)

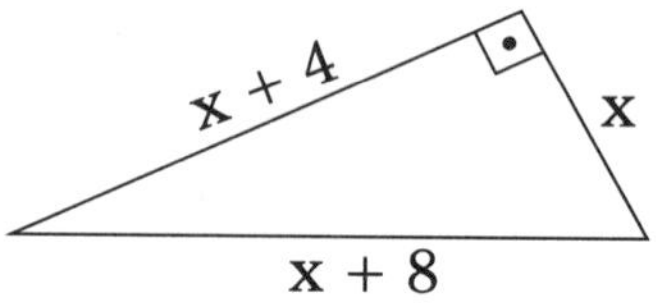

d)

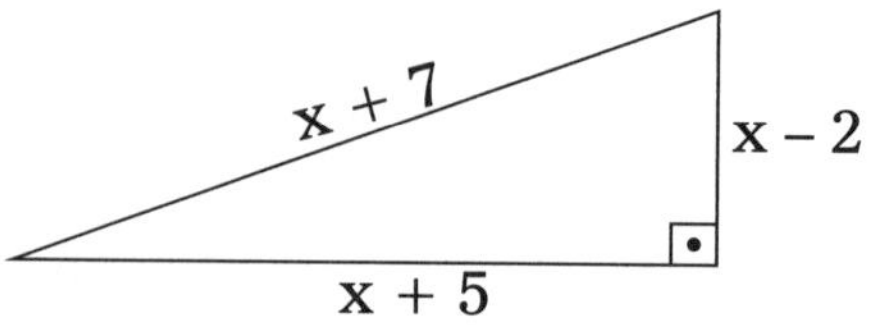

156 Determinar as incógnitas, nos casos:

a)

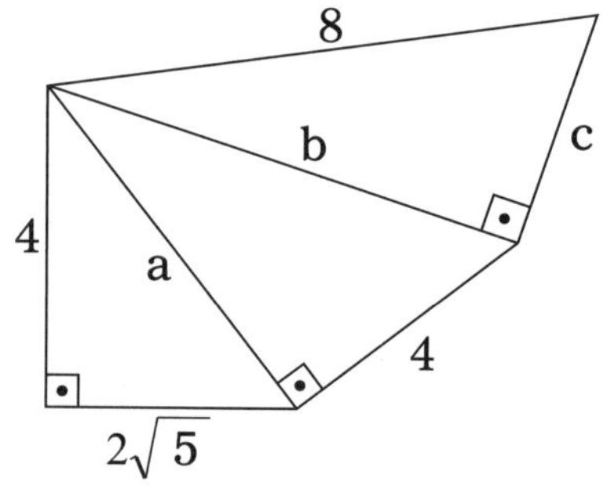

b)

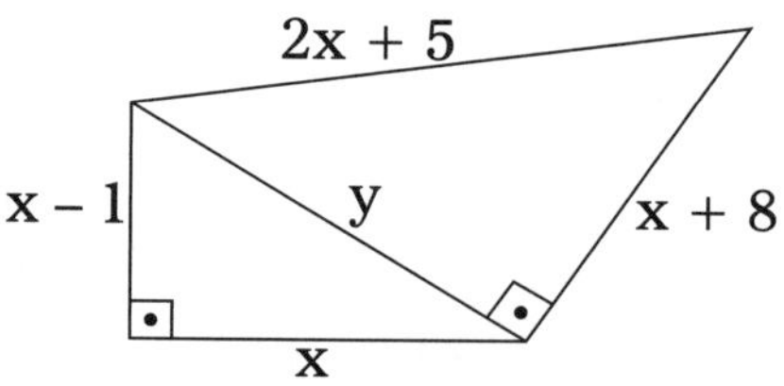

157 Resolver:

a) Determinar a diagonal de um quadrado de lado 4 m.

b) Determinar a diagonal de um retângulo com lados de 4 m e 8 m.

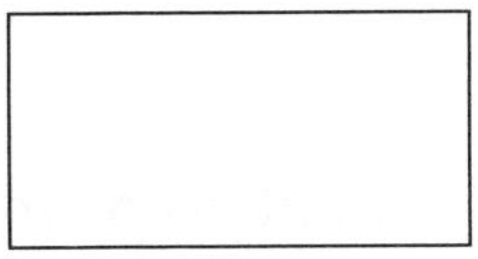

c) Determinar o lado de um quadrado cuja diagonal mede 6 m.

d) A diagonal e um lado de um retângulo medem 7 m e 2 m. Determinar o outro lado.

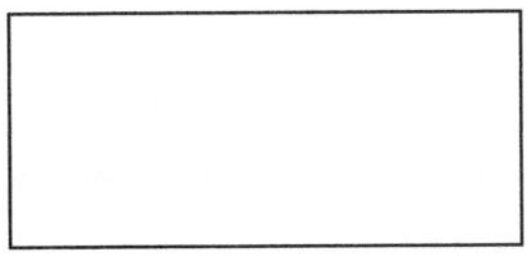

e) Determinar o lado de um losango com diagonais de 6 m e 8 m.

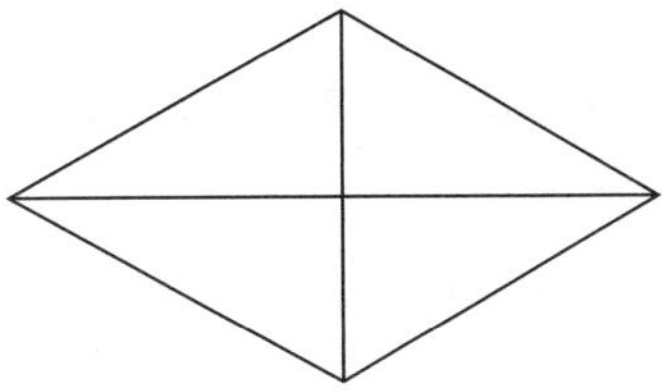

f) Uma diagonal e um lado de um losango medem, respectivamente, 24 m e 13 m. Determinar a outra diagonal.

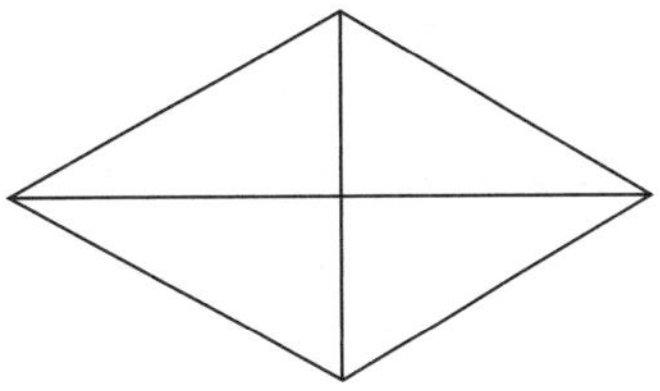

g) As bases de um trapézio retângulo medem 5 m e 9 m e o lado oblíquo às bases mede 6 m. Determinar a altura deste trapézio.

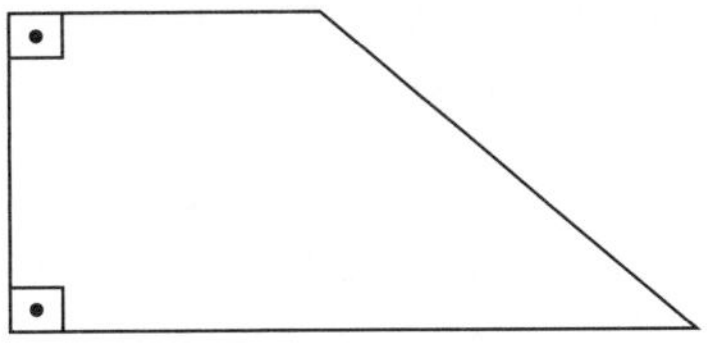

h) As bases de um trapézio retângulo medem, 2 m e 10 m e a altura mede $2\sqrt{2}$ m. Determinar o lado oblíquo às bases.

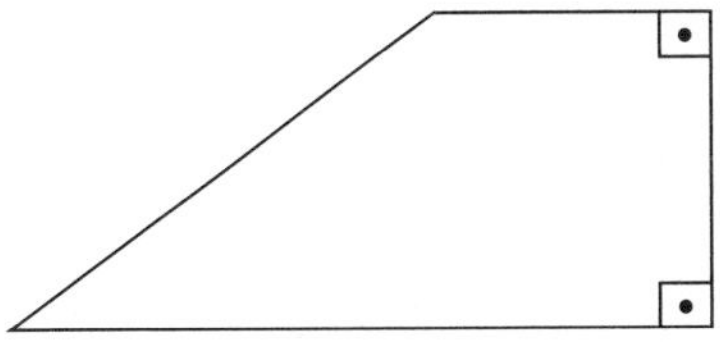

Resp: **152** a) 3 b) $2\sqrt{7}$ c) 2 d) 6 e) $2\sqrt{7}$ f) $2\sqrt{11}$ g) 7 h) 13 i) 16 j) $20\sqrt{2}$

153 a) $2\sqrt{161}$ b) $12\sqrt{5}$ c) $5\sqrt{55}$ d) $6\sqrt{7}$ e) 28 f) 36 **154** a) 3 b) 5 c) 15 d) 10 e) 9

158 Observar:

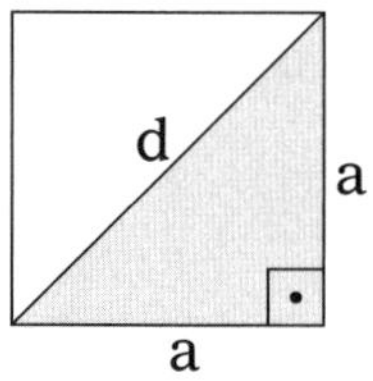

$d^2 = a^2 + a^2 \Rightarrow d^2 = 2a^2 \Rightarrow \boxed{d = a\sqrt{2}}$

"A diagonal de um quadrado é igual ao **produto do lado por $\sqrt{2}$** "

Utilizando a informação dada, determinar a diagonal do quadrado, nos casos:

a)
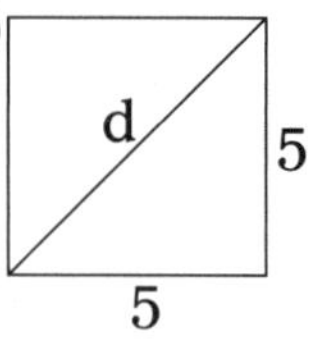

b)
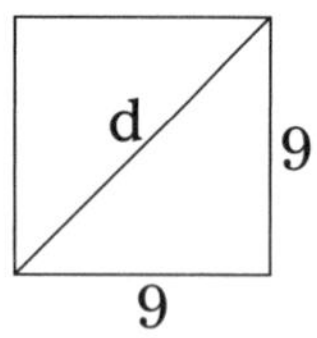

c)
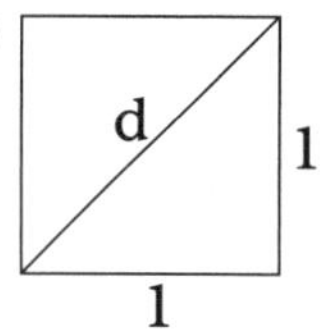

d)
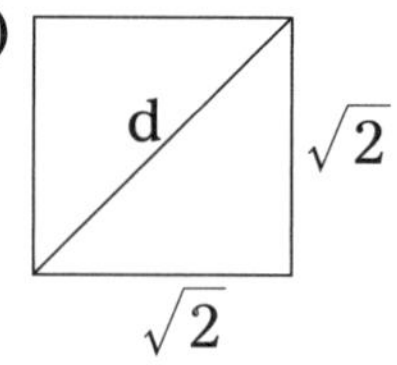

e)
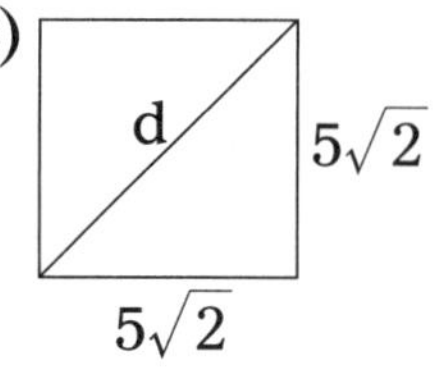

f)
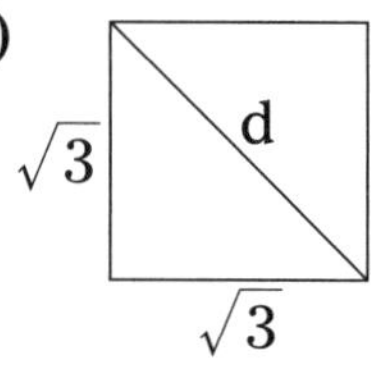

g)
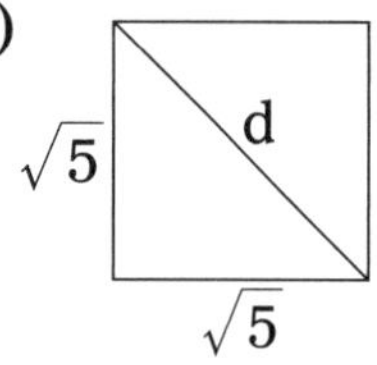

h)
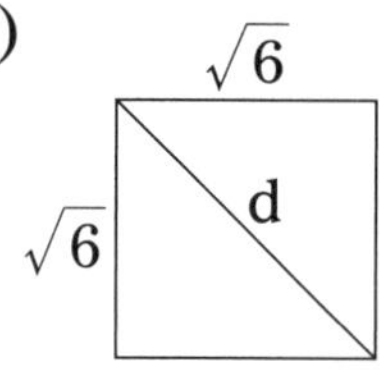

i)
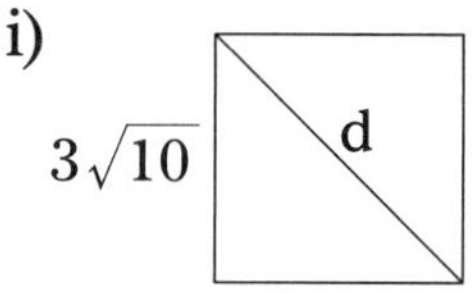

j)
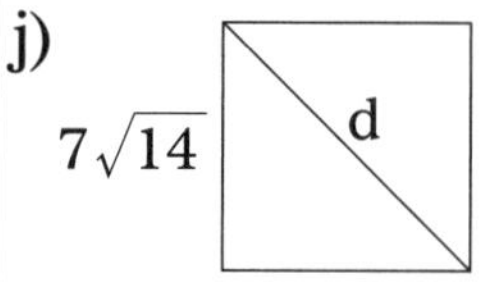

159 Como um triângulo retângulo isósceles é a metade de um quadrado, a hipotenusa de um triângulo retângulo isósceles é o **produto do cateto por $\sqrt{2}$** .

Determinar a hipotenusa do triângulo retângulo isósceles, nos casos:

a)
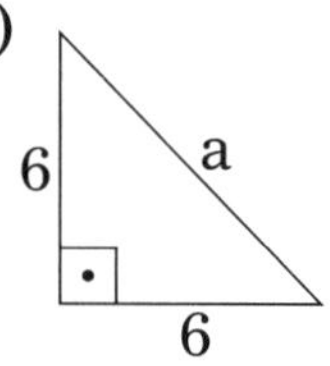

b)
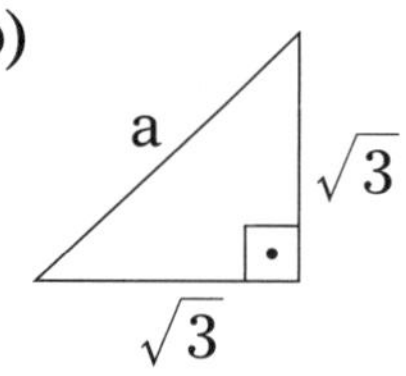

c)
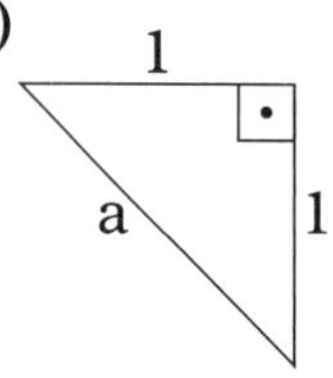

d)
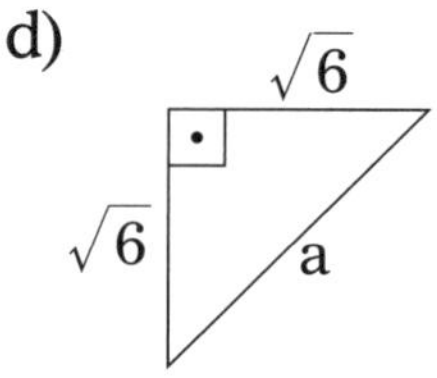

e)
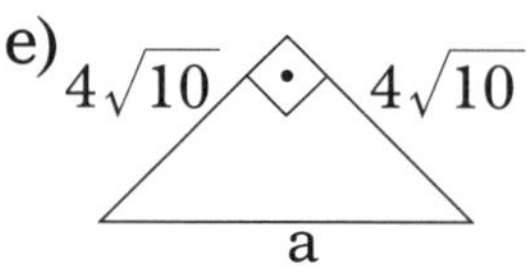

160 Se $d = a\sqrt{2}$, então $a = \frac{d}{\sqrt{2}}$. Determinar o lado dos seguintes quadrados:

a)
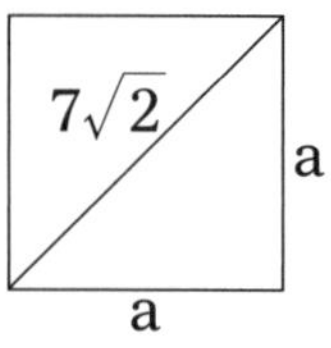

b)
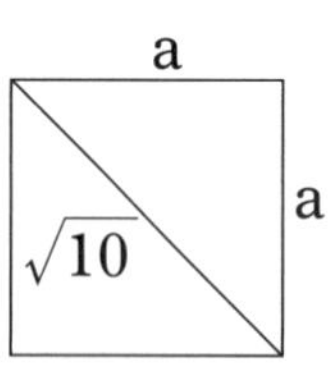

c)
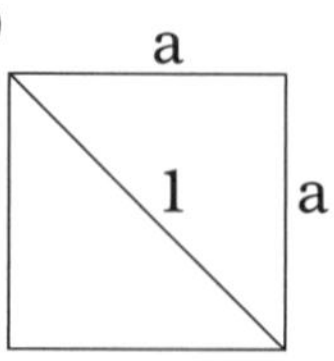

d)
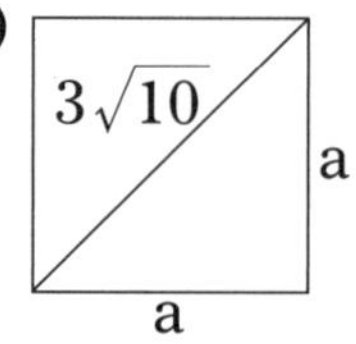

e)
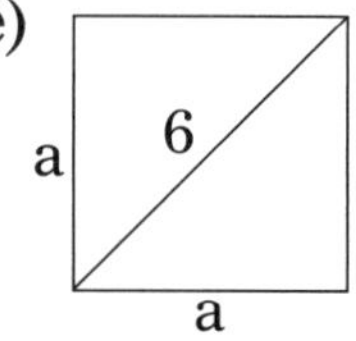

f)
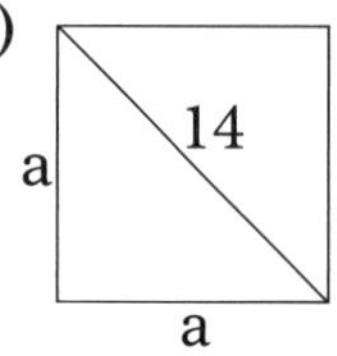

g)
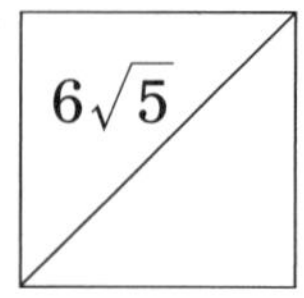

161 Observar:

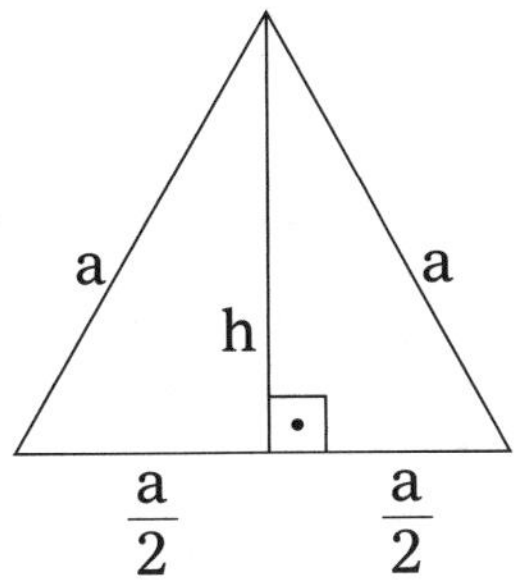

$h = \frac{a\sqrt{3}}{2} \Rightarrow \boxed{h = \left(\frac{a}{2}\right)\sqrt{3}}$ e $\boxed{\frac{a}{2} = \frac{h}{\sqrt{3}}}$

"A **altura** de um triângulo equilátero é igual ao **produto da metade do lado por $\sqrt{3}$**.

"A **metade do lado** de um triângulo equilátero é a **altura dividi-da por $\sqrt{3}$**".

Em cada caso temos um triângulo equilátero. Determinar a incógnita.

a)

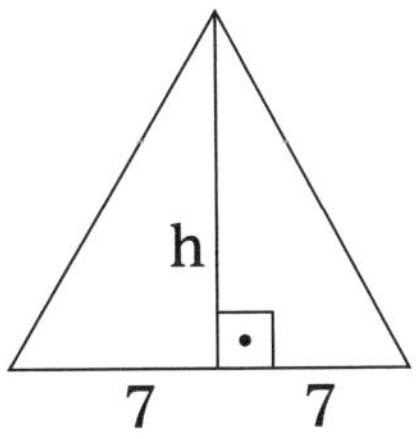

b)

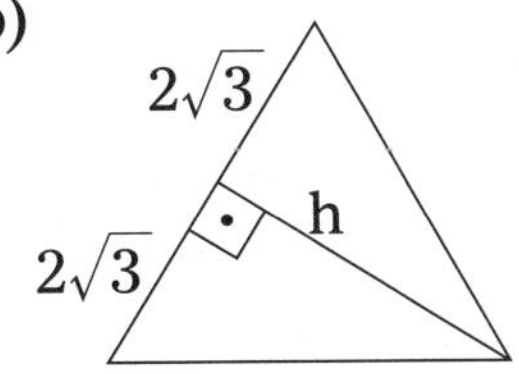

c)

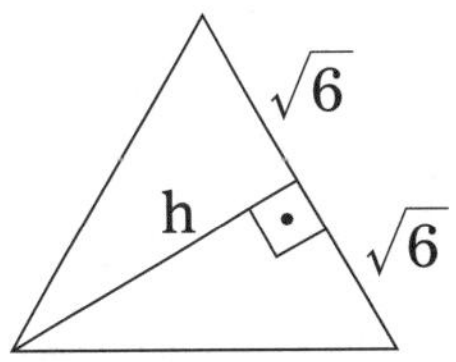

d)

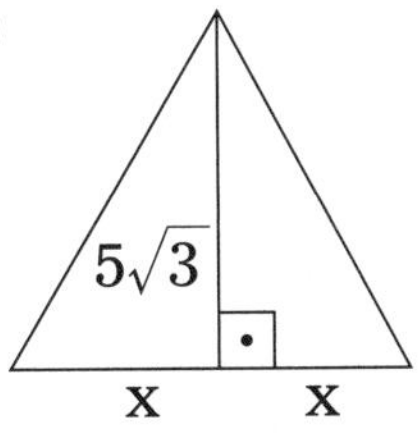

e)

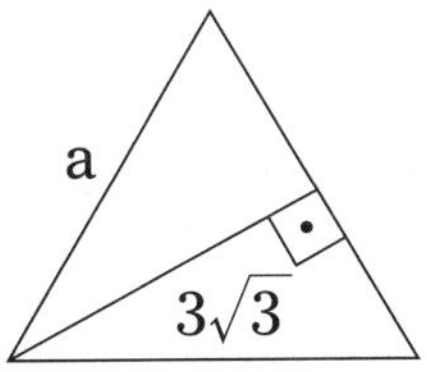

f)

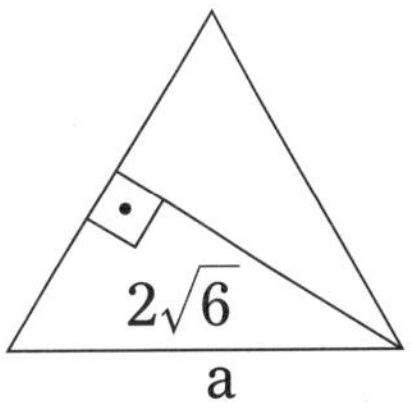

162 Determinar a área do polígono, nos casos:

Obs: O metro (m) é a unidade das medidas indicadas na figura.

a) Retângulo

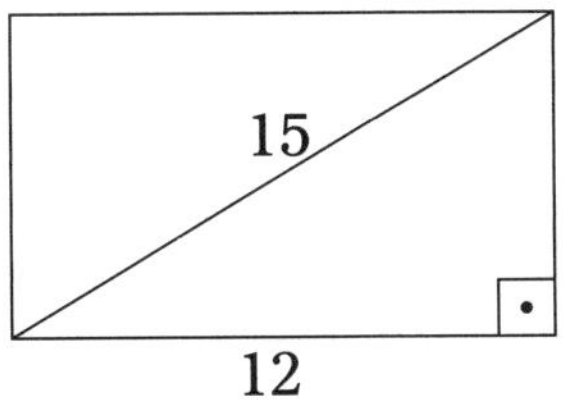

b) Paralelogramo

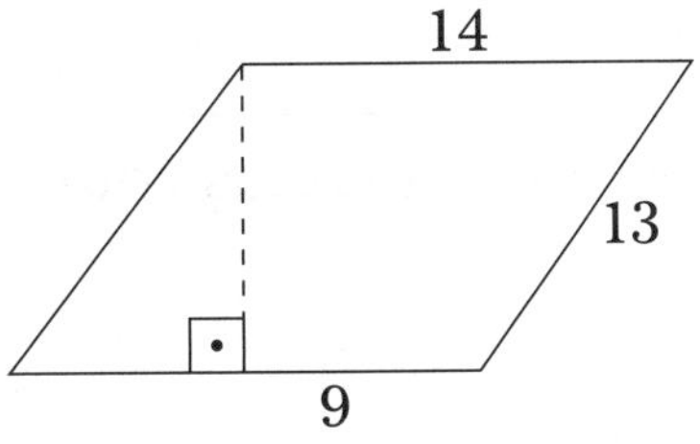

c) Trapézio retângulo

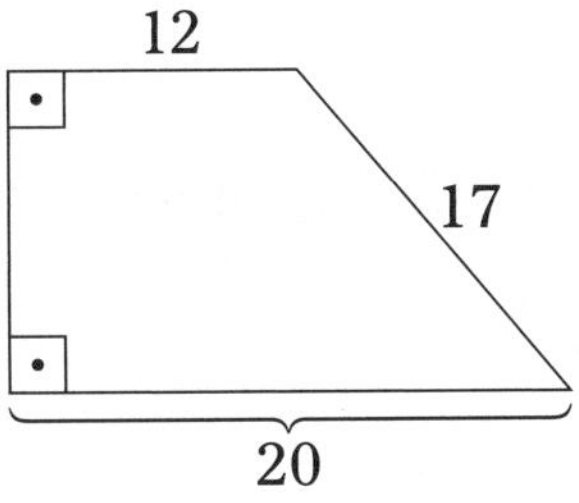

Resp: **155** a) 4 b) 10 c) 12 d) 10 **156** a) a = 6 , b = $2\sqrt{13}$, c = $2\sqrt{3}$ b) x = 4 , y = 5

157 a) $4\sqrt{2}$ b) $4\sqrt{5}$ c) $3\sqrt{2}$ d) $3\sqrt{5}$ e) 5 f) 5 g) $2\sqrt{5}$ h) $6\sqrt{2}$

d) Trapézio isósceles

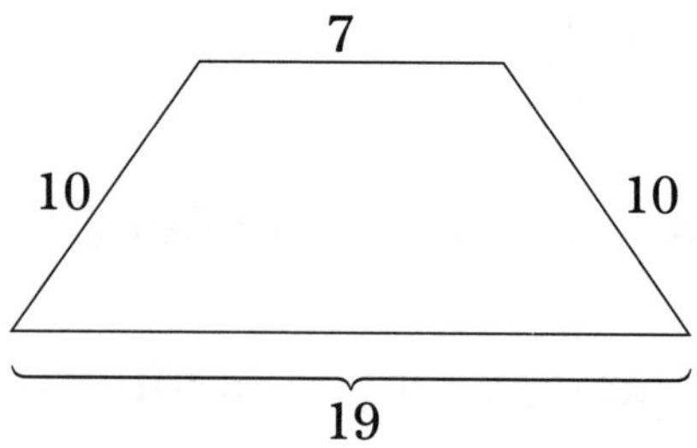

e) Losango

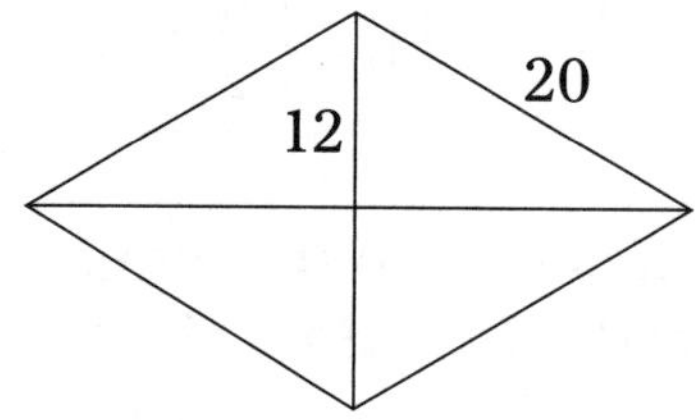

f) Trapézio retângulo

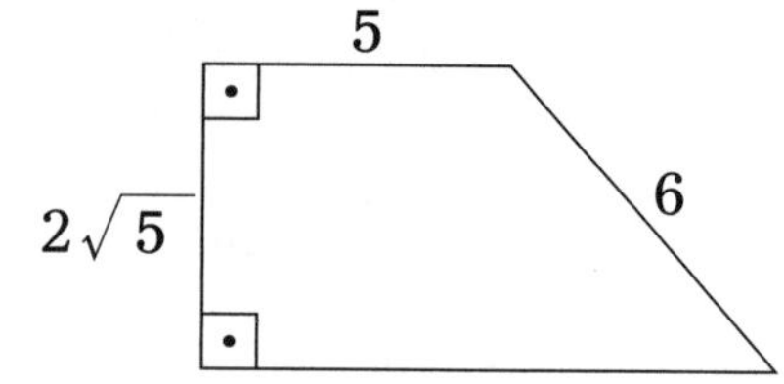

g) Triângulo retângulo

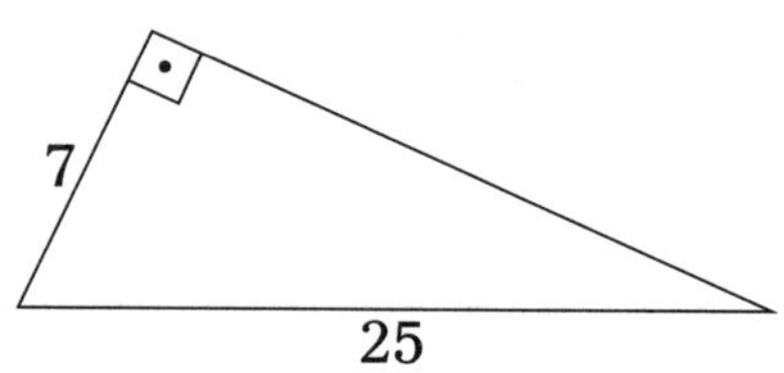

h) Paralelogramo

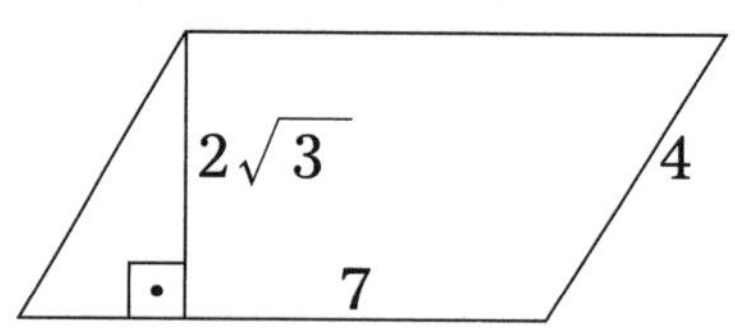

i) Losango

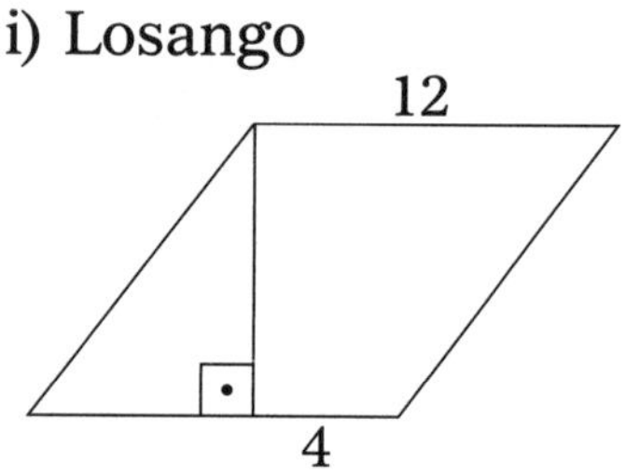

163 Determinar a área dos seguintes triângulos equiláteros:

a)

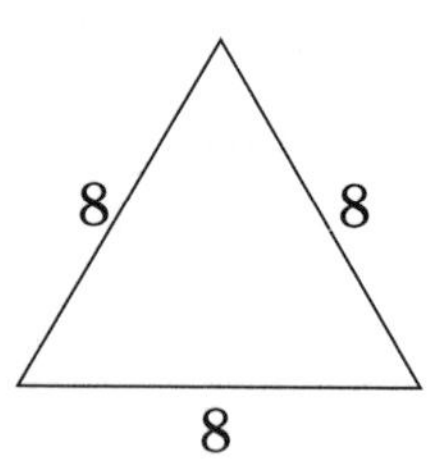

b)

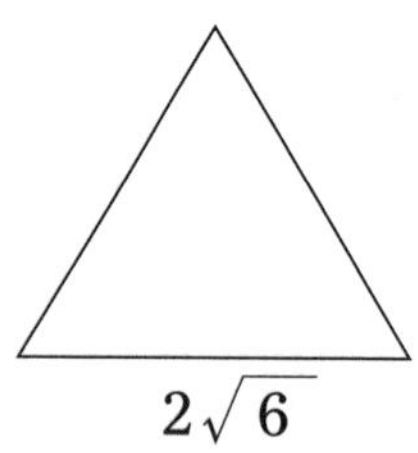

c)

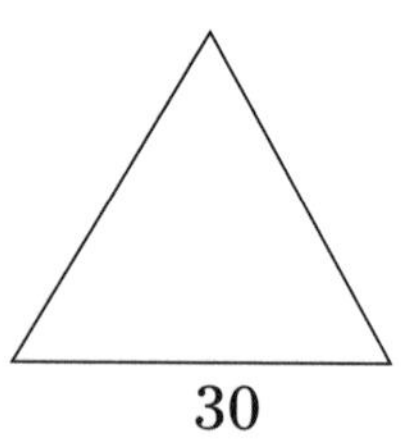

164 Determinar a área dos seguintes triângulos equiláteros.

a)

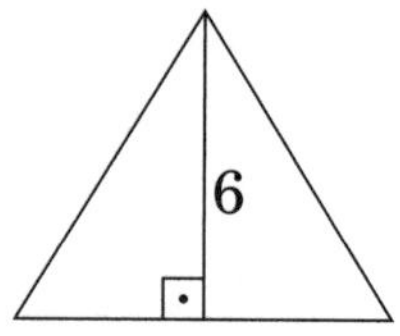

b)

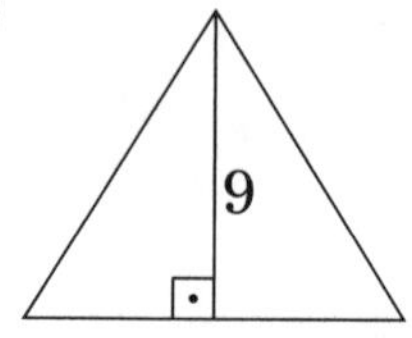

165 Sem esboçar a figura, escrevendo primeiramente a fórmula, determinar a área do triângulo equilátero de lado **a** e altura **h**, nos casos:

a) $a = 4$	b) $a = 2\sqrt{5}$	c) $a = 6\sqrt{2}$	d) $a = 18$
e) $h = 3$	f) $h = 8\sqrt{3}$	g) $4\sqrt{6}$	h) $h = 12$

Relações Métricas no Triângulo Retângulo

166 Completar, sem ser com Pitágoras, de modo que as igualdades fiquem verdadeiras, nos casos:

a)

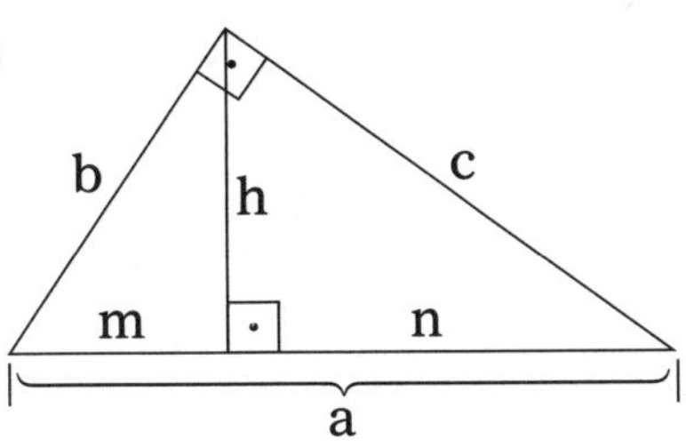

$ah =$

$h^2 =$

$b^2 =$

$c^2 =$

b)

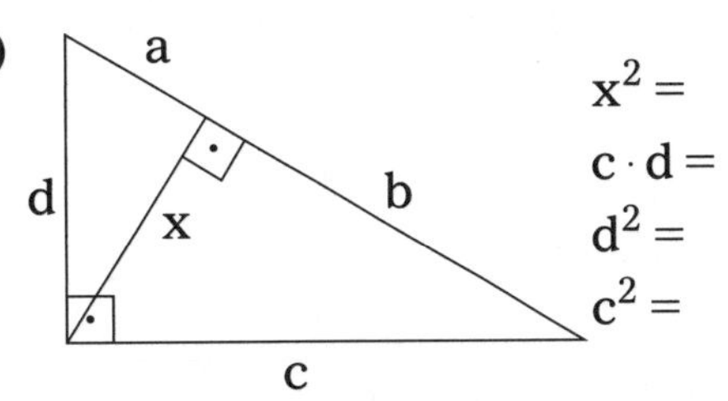

$x^2 =$

$c \cdot d =$

$d^2 =$

$c^2 =$

167 Determinar o valor de x, nos casos:

a)

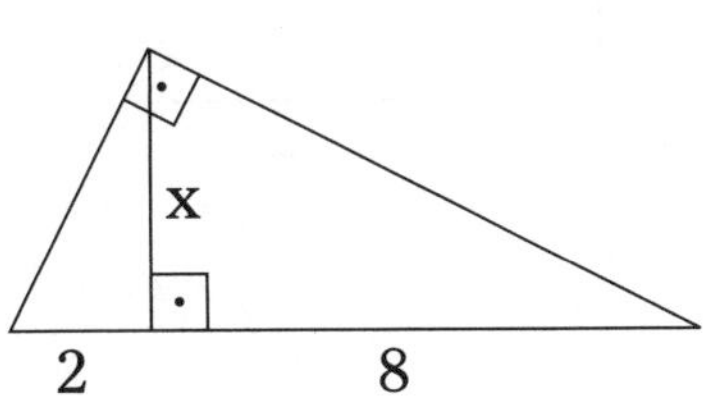

b)

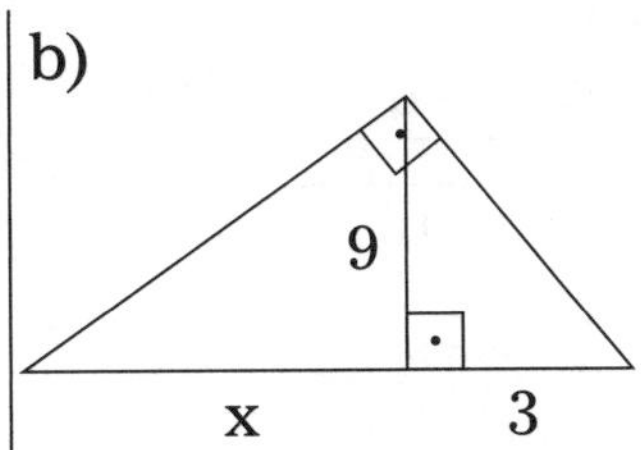

c)

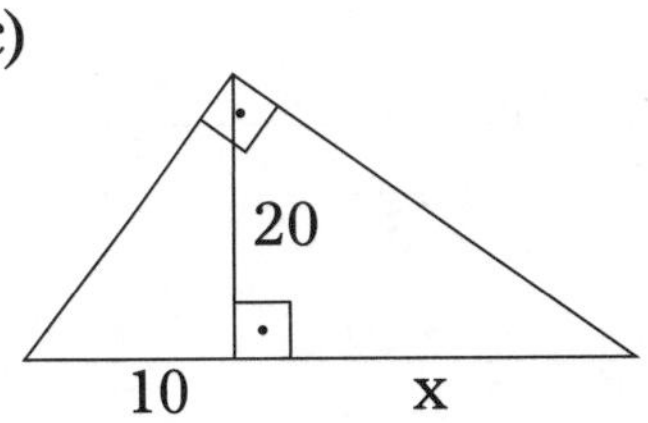

Resp: **158** a) $5\sqrt{2}$ b) $9\sqrt{2}$ c) $\sqrt{2}$ d) 2 e) 10 f) $\sqrt{6}$ g) $\sqrt{10}$ h) $2\sqrt{3}$ i) $6\sqrt{5}$ j) $14\sqrt{7}$

159 a) $6\sqrt{2}$ b) $\sqrt{6}$ c) $\sqrt{2}$ d) $2\sqrt{3}$ e) $8\sqrt{5}$ f) $7\sqrt{2}$ g) $3\sqrt{10}$

160 a) 7 b) $\sqrt{5}$ c) $\frac{\sqrt{2}}{2}$ d) $3\sqrt{5}$ e) $3\sqrt{2}$

161 a) $7\sqrt{3}$ b) 6 c) $3\sqrt{2}$ d) 5 e) 6 f) $4\sqrt{2}$

162 a) 108 m^2 b) 168 m^2 c) 240 m^2

168 Determinar a incógnita, nos casos:

a)

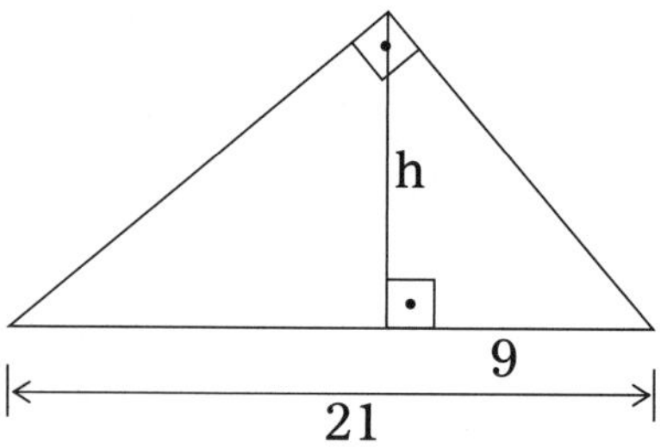

b)

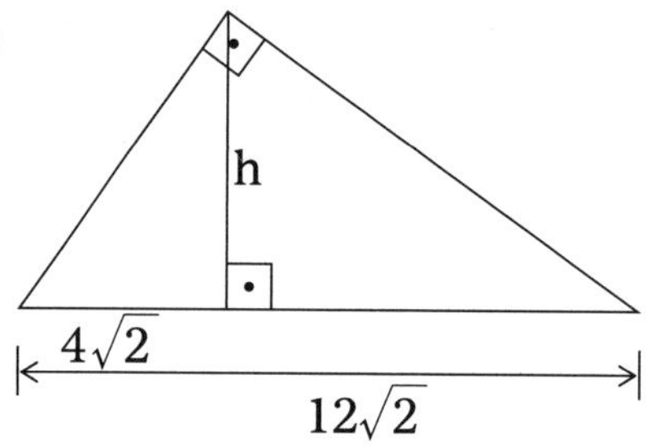

c)

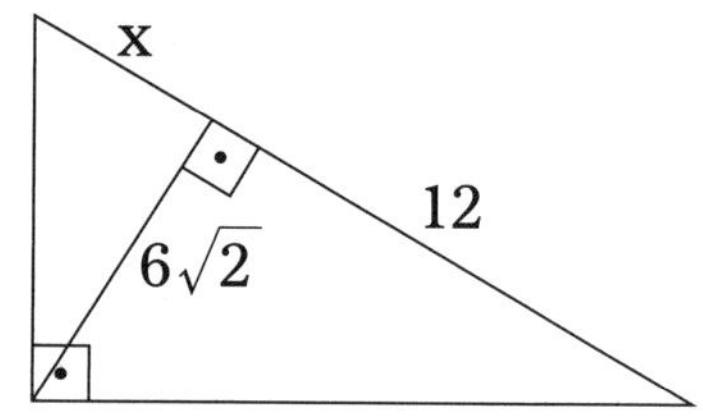

d)

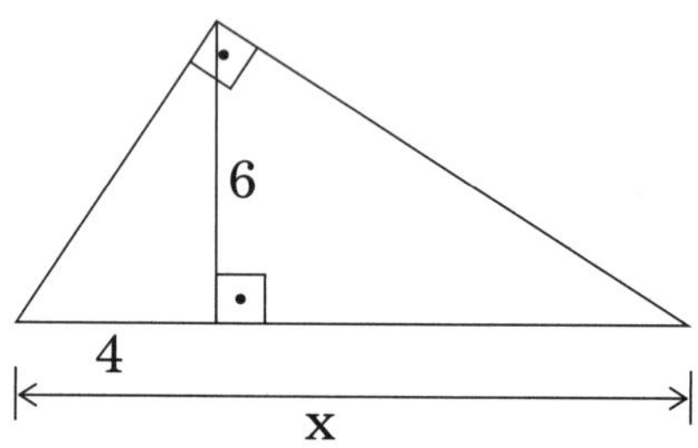

e)

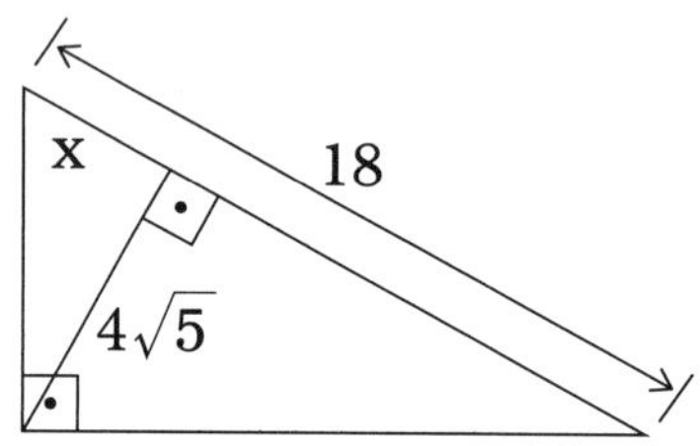

f)

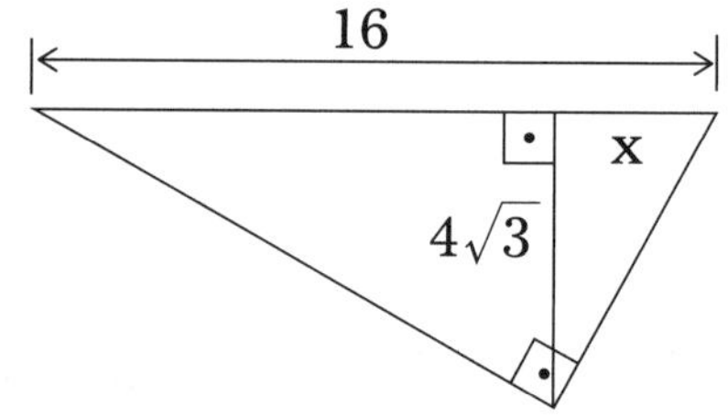

169 Determinar o valor de x, nos casos:

a)

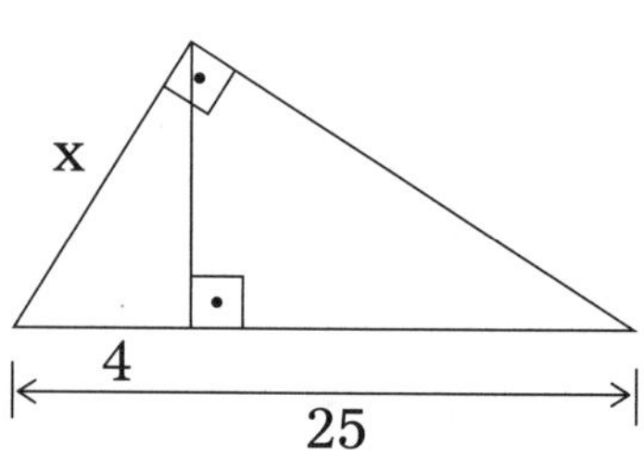

b)

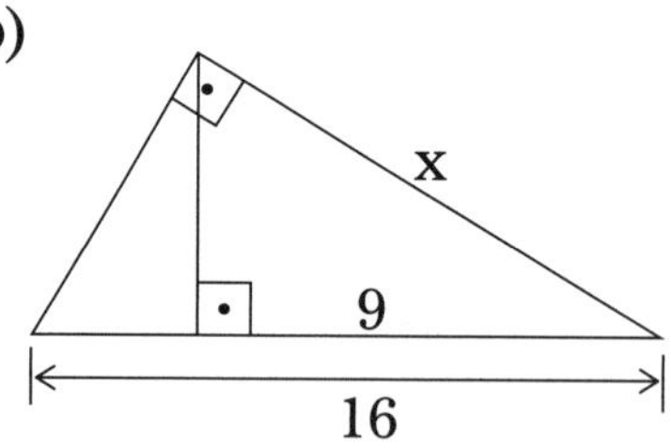

c)

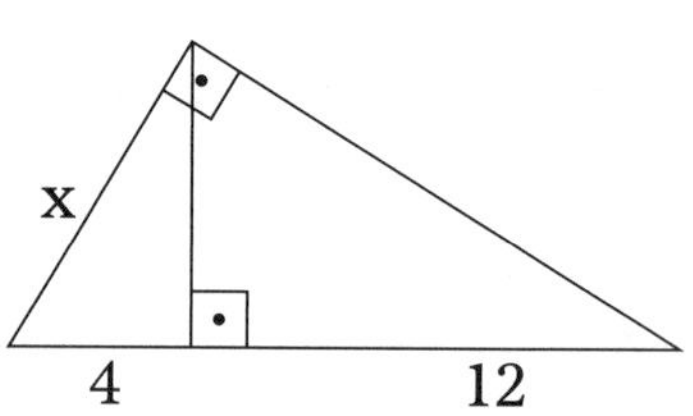

d)

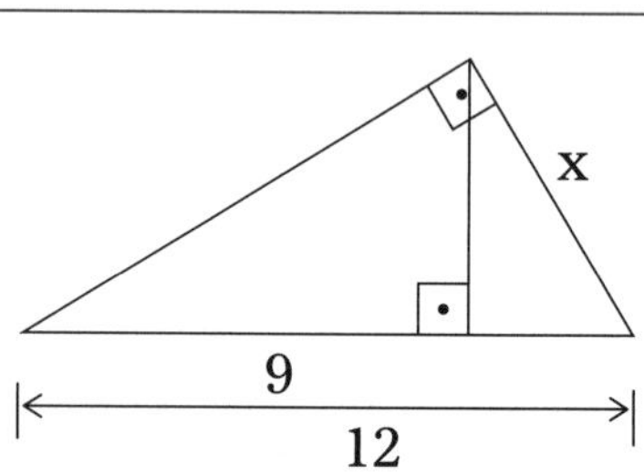

e)

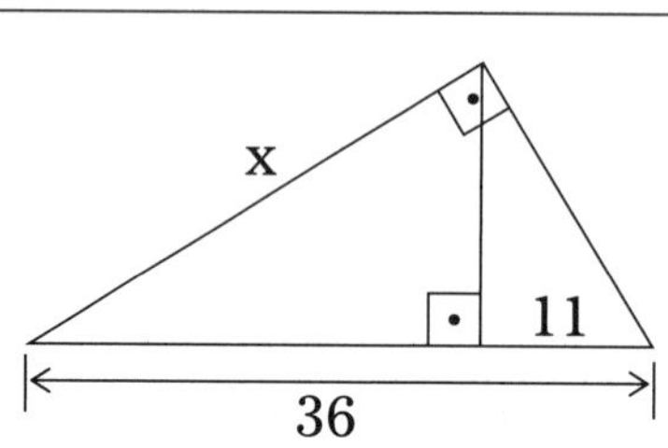

f)

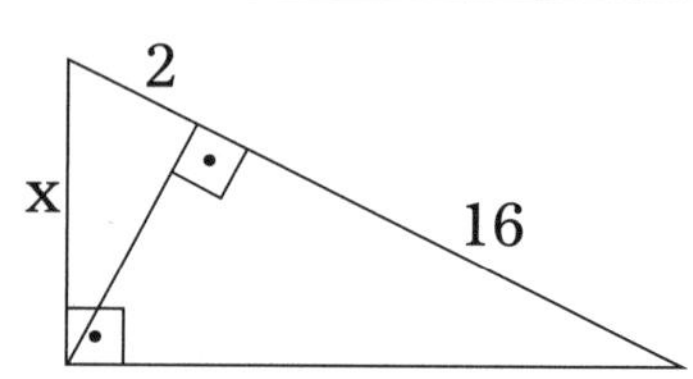

170 Determinar x, nos casos:

a)

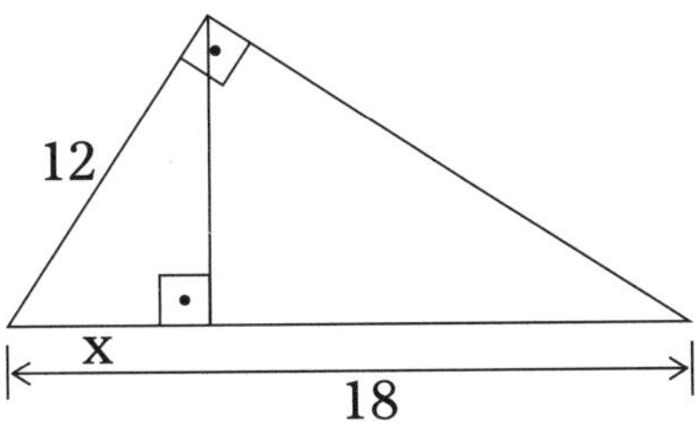

b)

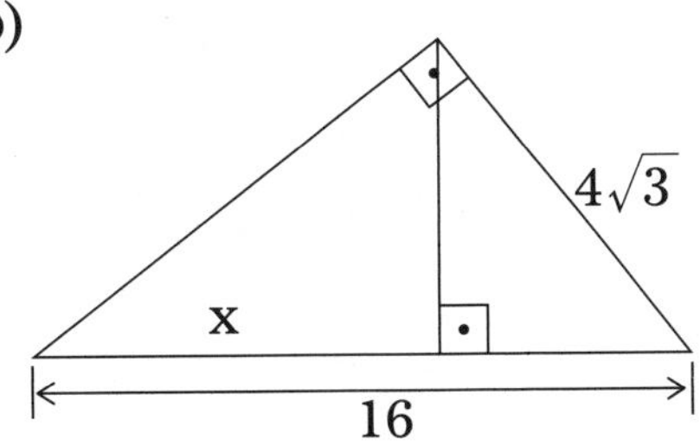

c)

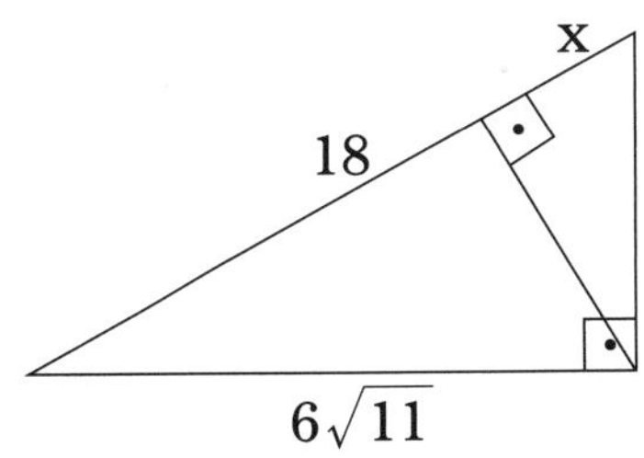

d)

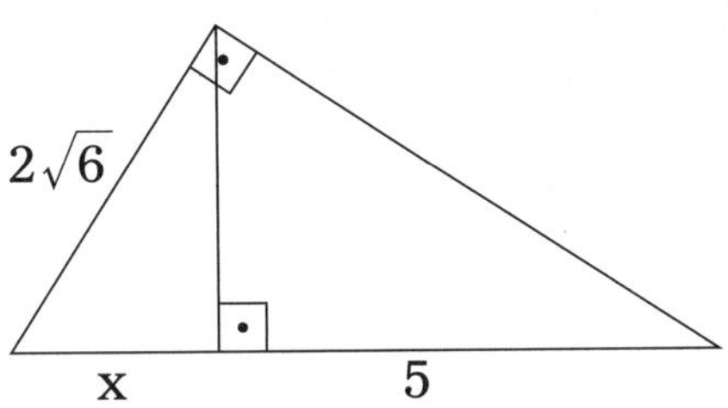

e)

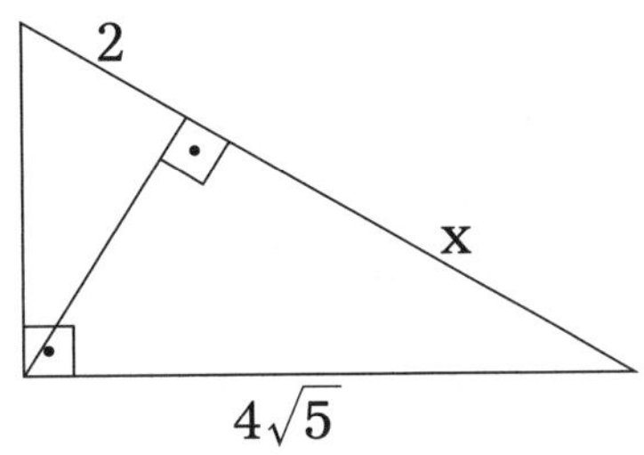

f)

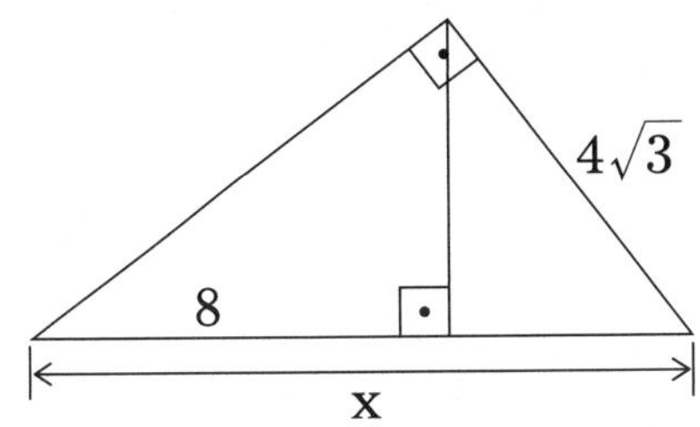

171 Determinar a altura relativa à hipotenusa do triângulo retângulo, nos casos:

a)

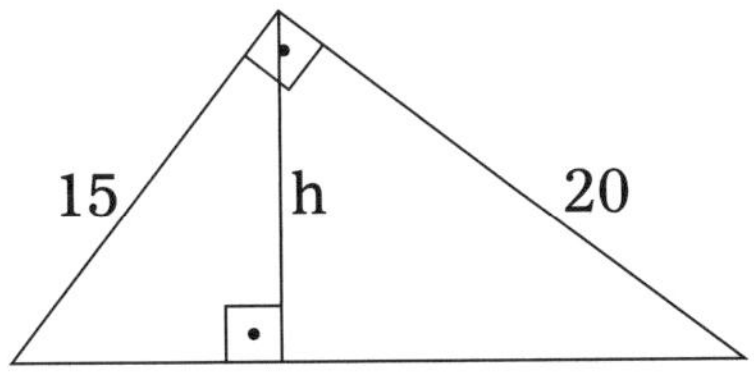

b)

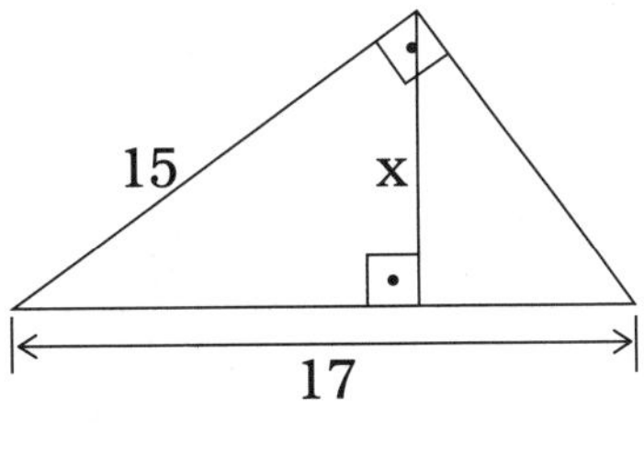

c)

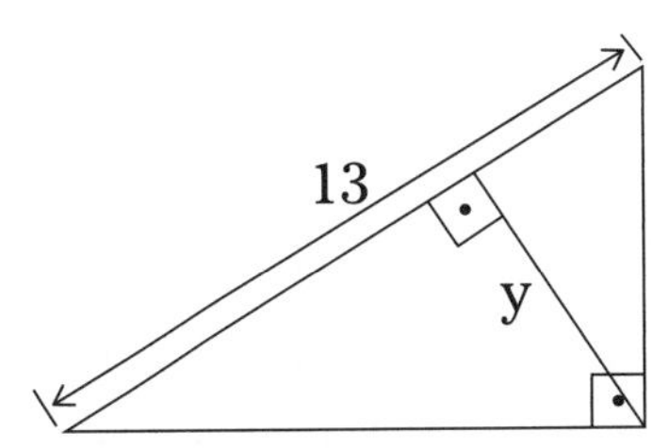

Resp: **162** d) 104 m^2 e) 384 m^2 f) $14\sqrt{5}\ m^2$ g) 84 m^2 h) $18\sqrt{3}\ m^2$ i) $48\sqrt{5}\ m^2$

163 a) $16\sqrt{3}\ m^2$ b) $6\sqrt{3}\ m^2$ c) $225\sqrt{3}\ m^2$ **164** a) $12\sqrt{3}\ m^2$ b) $27\sqrt{3}\ m^2$

165 a) $4\sqrt{3}\ m^2$ b) $5\sqrt{3}\ m^2$ c) $18\sqrt{3}\ m^2$ d) $81\sqrt{3}\ m^2$ e) $3\sqrt{3}\ m^2$ f) $64\sqrt{3}\ m^2$ g) $32\sqrt{3}\ m^2$ h) $48\sqrt{3}\ m^2$

166 a) $ah = bc$, $h^2 = mn$, $b^2 = am$, $c^2 = an$ b) $x^2 = ab$, $cd = (a + b)x$, $d^2 = (a + b)a$, $c^2 = (a + b)b$ **167** a) 4 b) 27 c) 40

172 Determinar a incógnita, nos casos:

a)

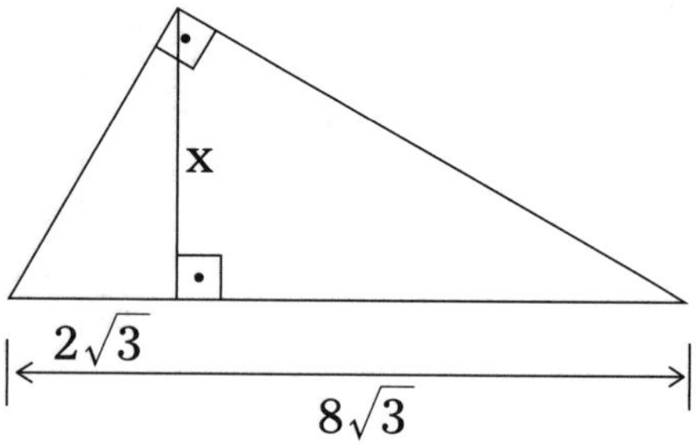

b)

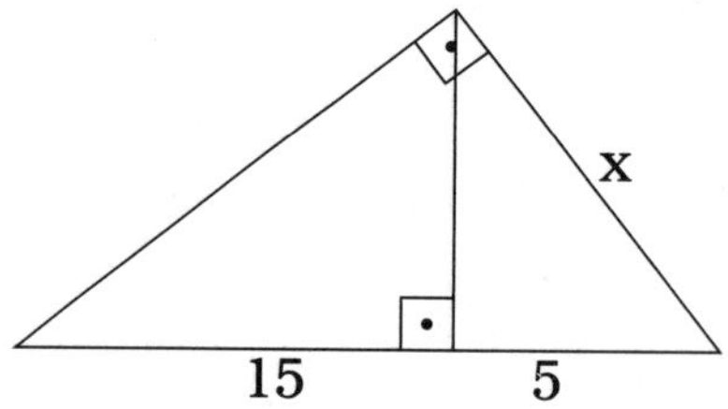

c)

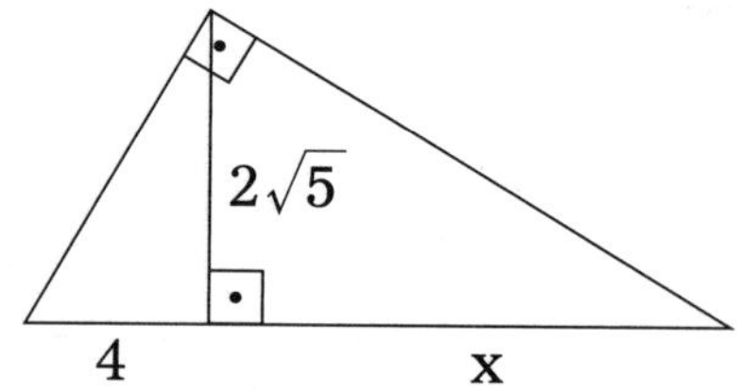

d)

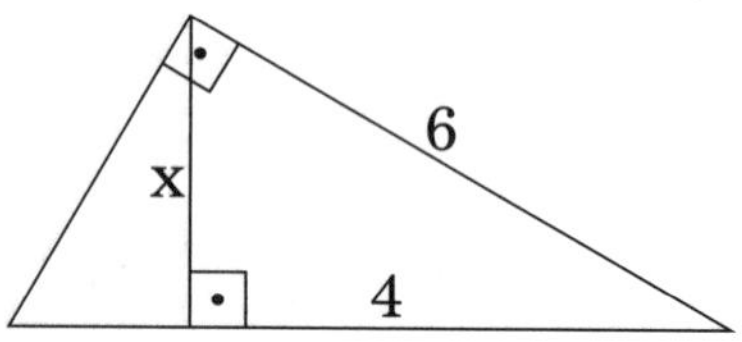

e)

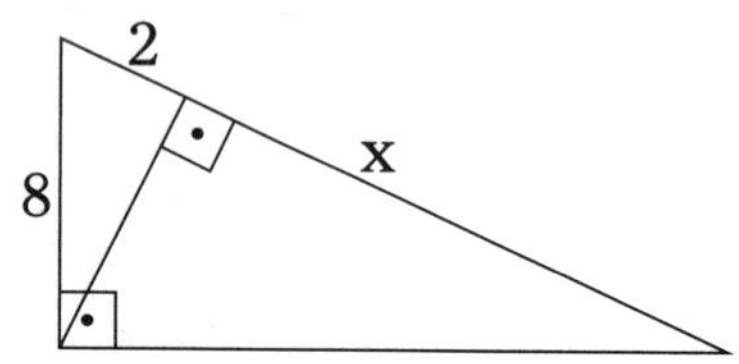

f)

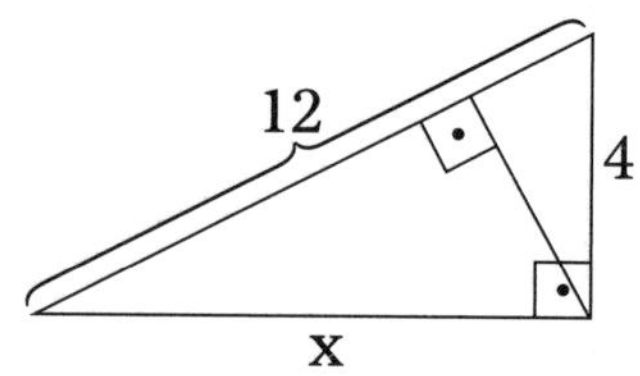

g)

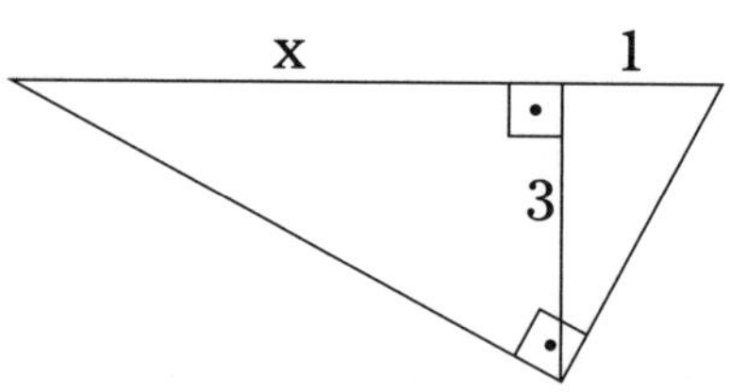

h)

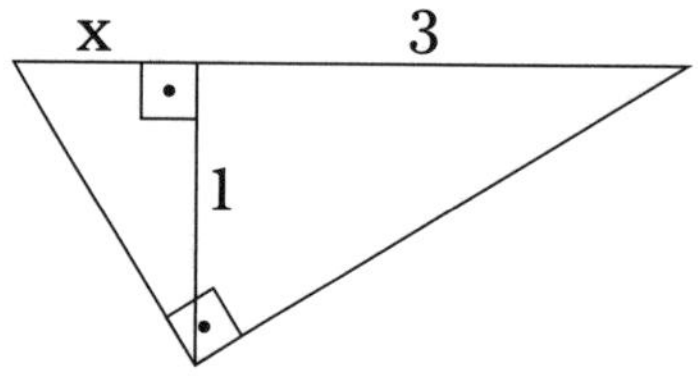

i)

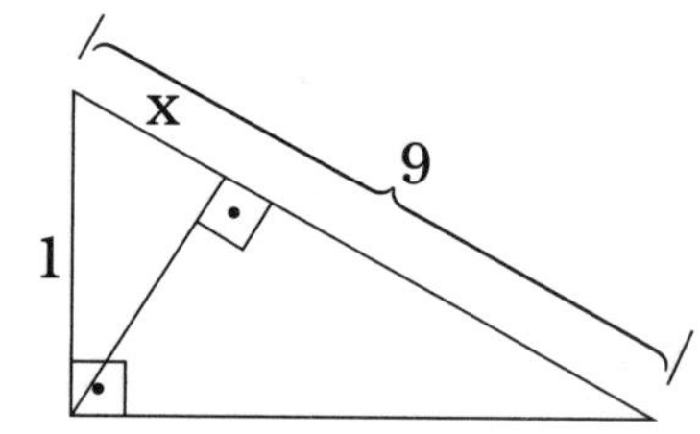

j)

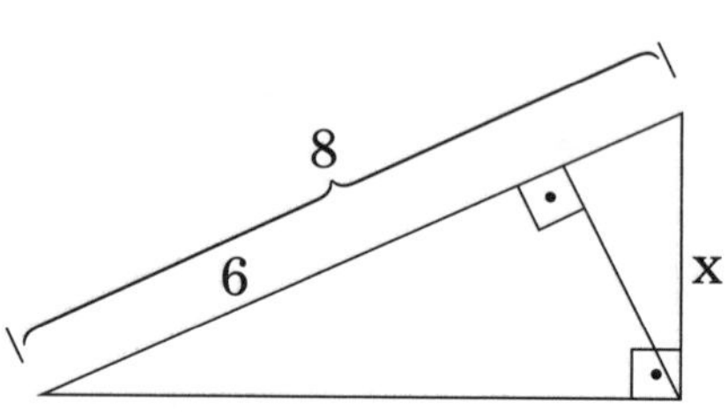

k)

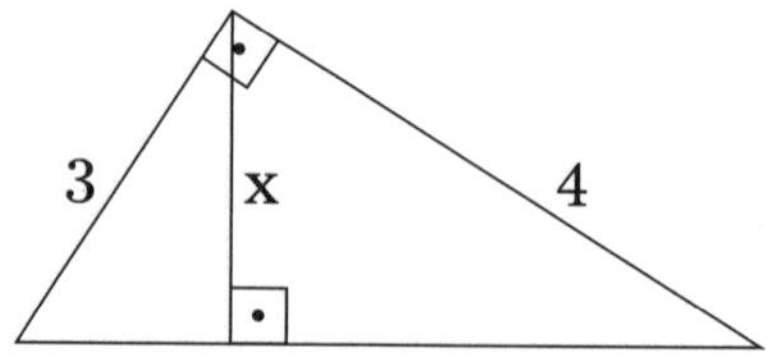

l)

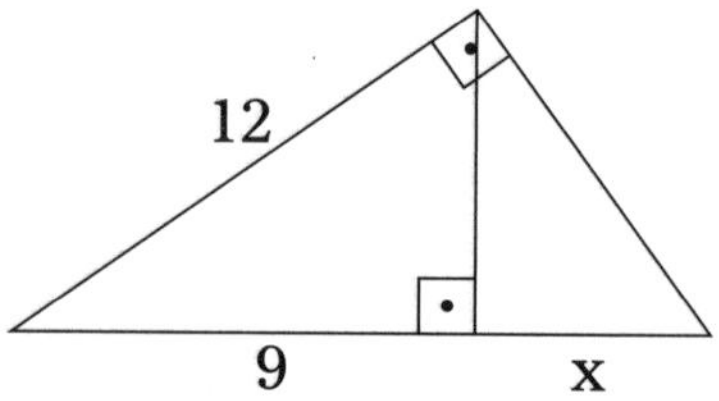

173 Determinar a incógnita, nos casos:

a)

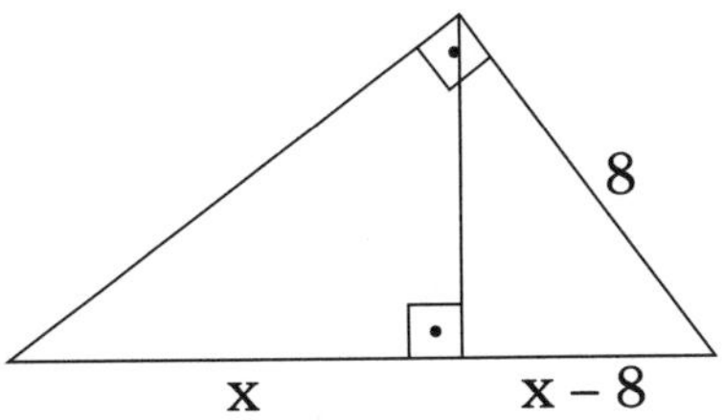

b)

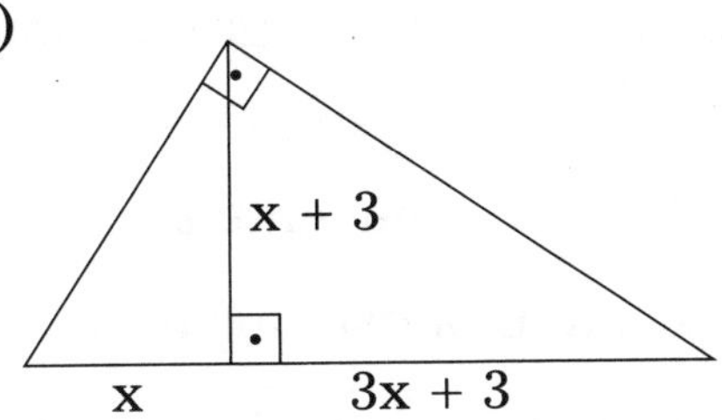

c)

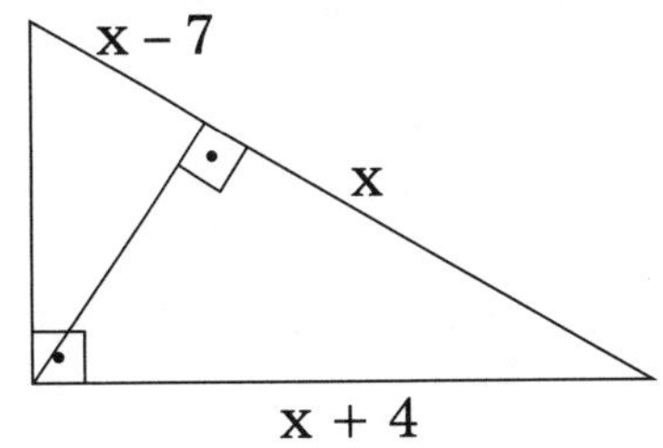

174 Determinar as incógnitas, nos casos:

a)

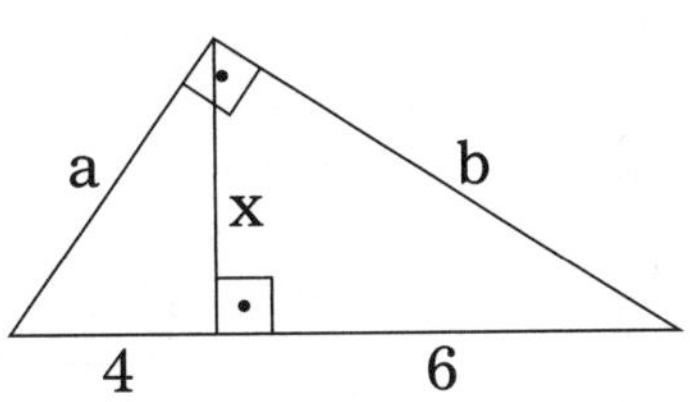

b)

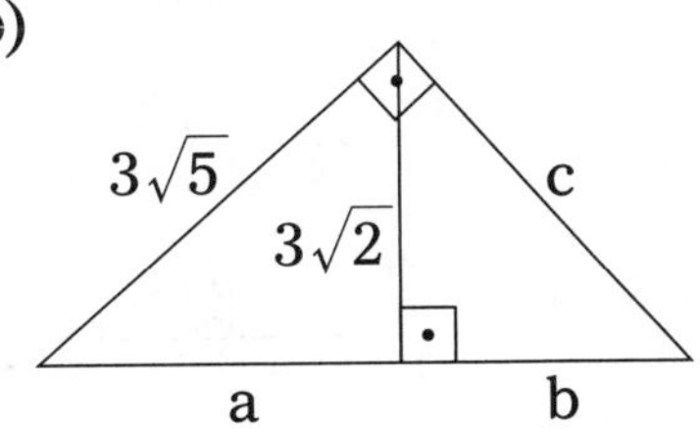

c)

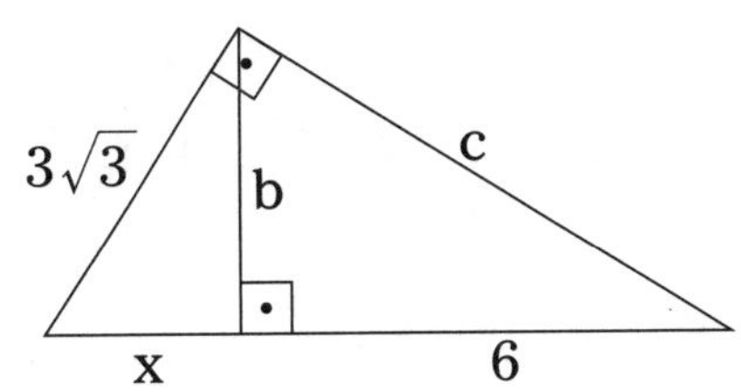

d)

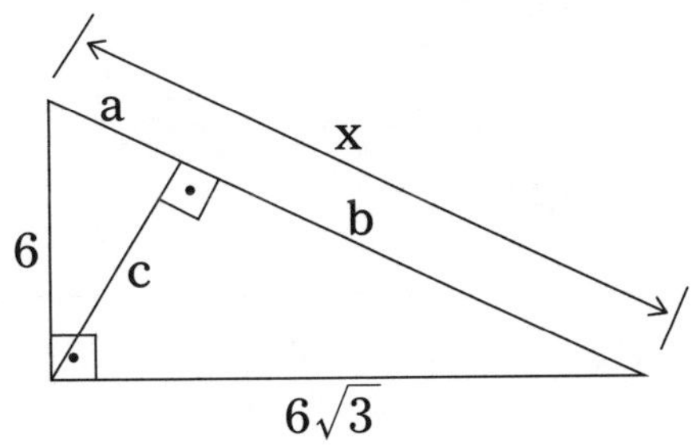

Resp: **168** a) $6\sqrt{3}$ b) 8 c) 6 d) 13 e) 10 ou 8 f) 4 ou 12 **169** a) 10 b) 12 c) 8 d) 6 e) 30 f) 6

170 a) 8 b) 13 c) 4 d) 3 e) 8 f)12 **171** a) 12 b) $\frac{120}{17}$ c) $\frac{60}{13}$

Razões Trigonométricas no Triângulo Retângulo

175 De acordo com as medidas indicadas na figura, completar:

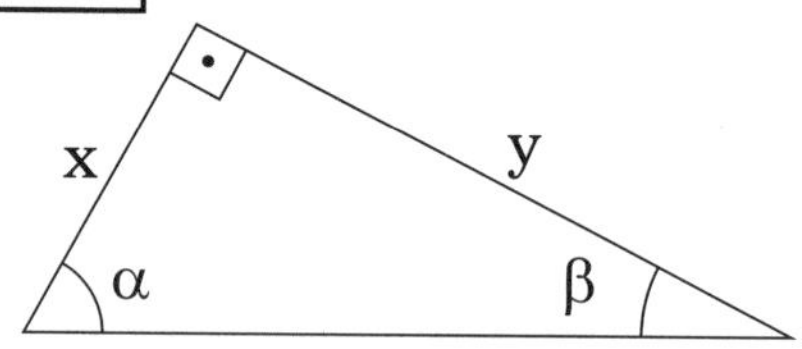

a) O cateto oposto a α é

b) O cateto adjacente a α é

c) O cateto oposto a β é

d) O cateto adjacente a β é

176 De acordo com as medidas indicadas na figura determinar as seguintes razões:

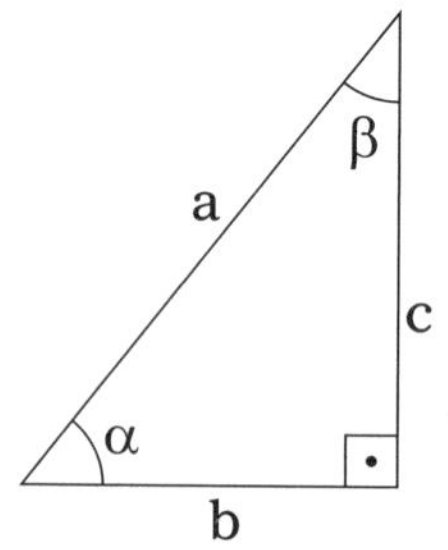

a) $\text{sen}\,\alpha = \dfrac{\text{cat. op.}}{\text{hip.}} =$

b) $\cos\alpha = \dfrac{\text{cat. adj.}}{\text{hip.}} =$

c) $\text{sen}\,\beta = \dfrac{\text{cat. op.}}{\text{hip.}} =$

d) $\cos\beta = \dfrac{\text{cat. adj.}}{\text{hip.}} =$

e) $\text{tg}\,\alpha = \dfrac{\text{cat. op.}}{\text{cat. adj.}} =$

f) $\text{tg}\,\beta = \dfrac{\text{cat. op.}}{\text{cat. adj.}} =$

177 Levando em conta as medidas indicadas na figura, determinar:

a)

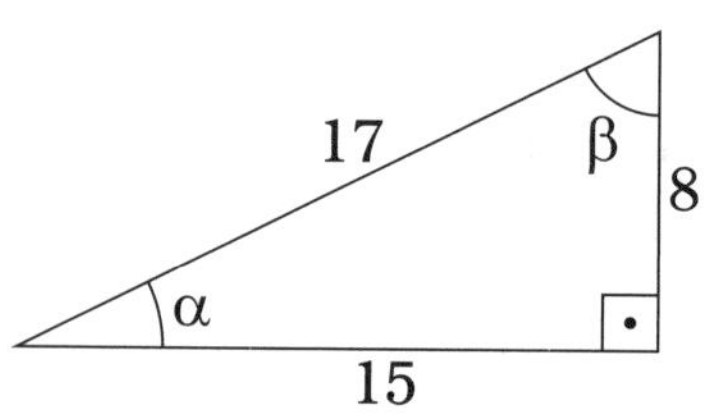

sen α =

cos β =

sen β =

cos α =

tg α =

tg β =

b)

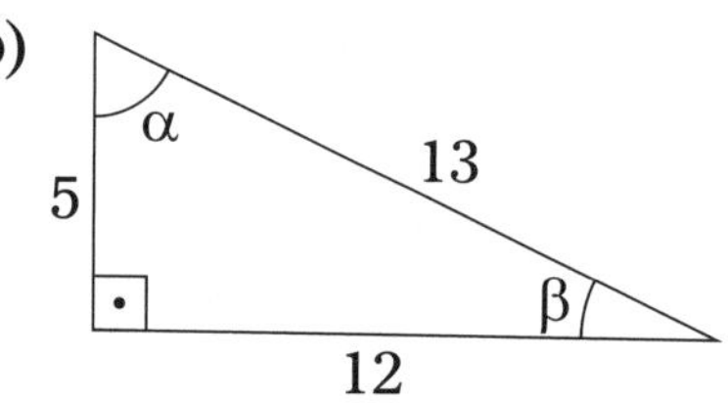

sen β =

cos α =

sen α =

cos β =

tg α =

tg β =

c)

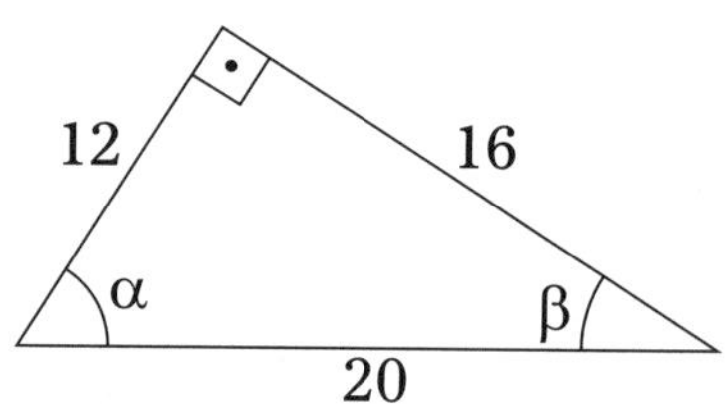

sen α =

sen β =

cos α =

cos β =

tg α =

tg β =

178 Determinar sen α e cos α.

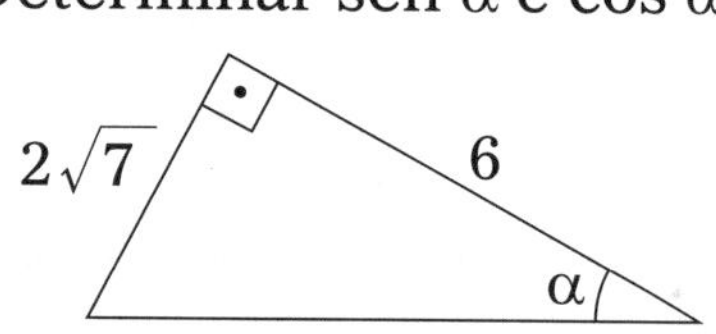

179 Determinar sen β e tg β.

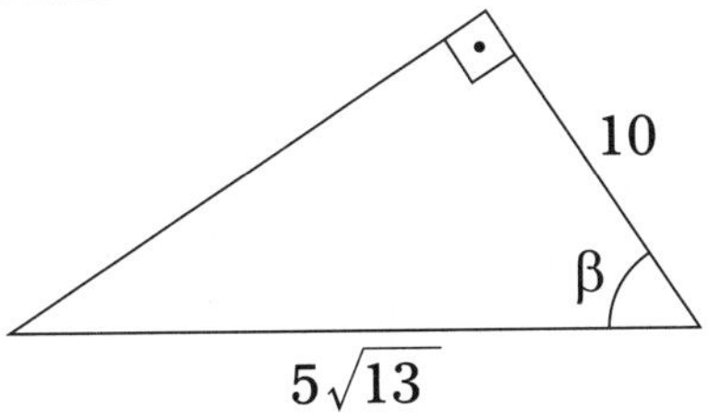

---

180 Determinar cos α e tg α.

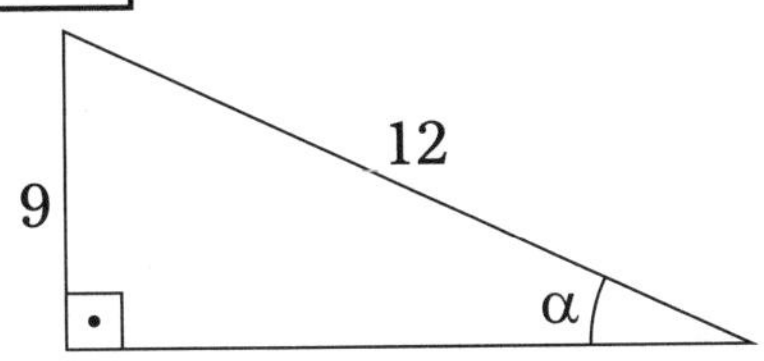

---

181 Dada uma razão trigonométrica, determinar x, nos casos:

a) $\cos\alpha = \frac{2}{3}$

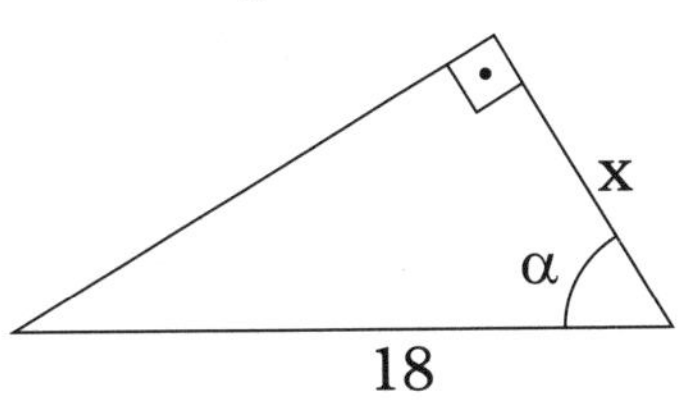

b) $\text{sen}\,\beta = \frac{3}{4}$

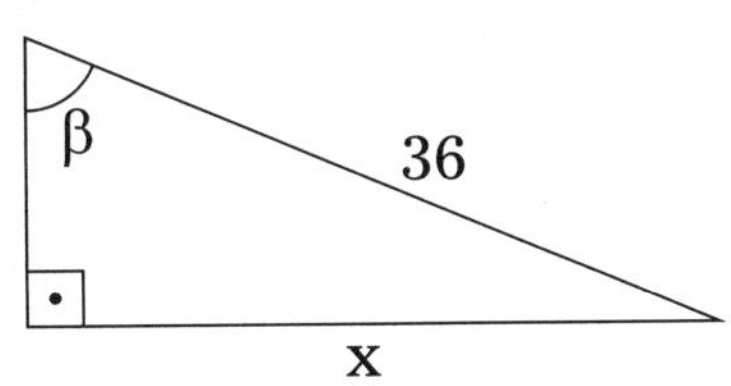

c) $\text{tg}\,\gamma = \frac{3}{7}$

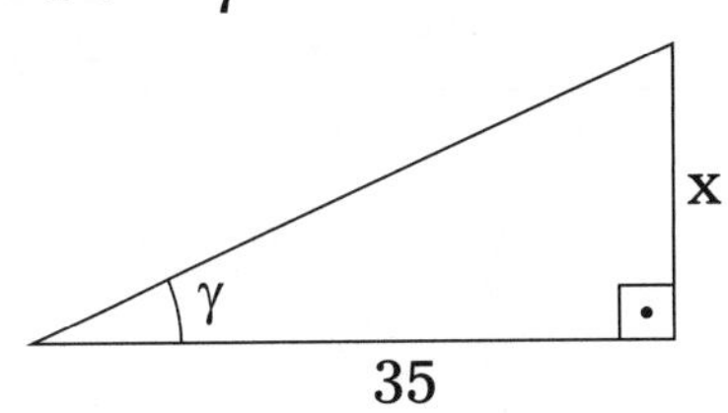

d) $\text{sen}\,\gamma = \frac{2}{5}$

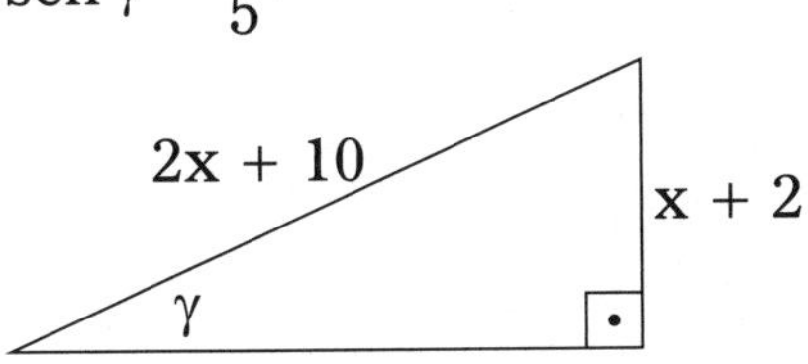

e) $\cos\alpha = \frac{4}{7}$

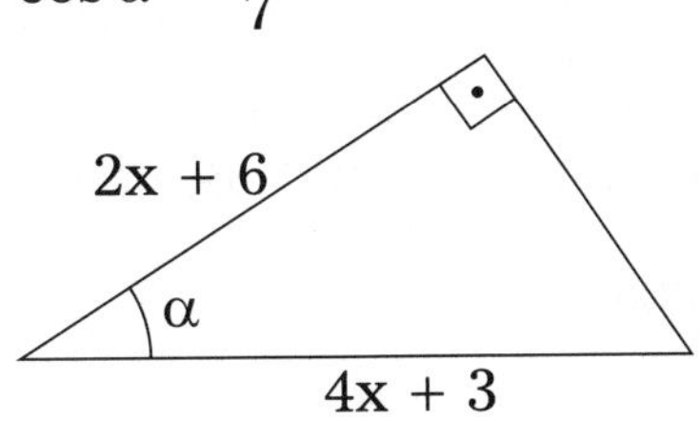

f) $\text{tg}\,\beta = \frac{5}{8}$

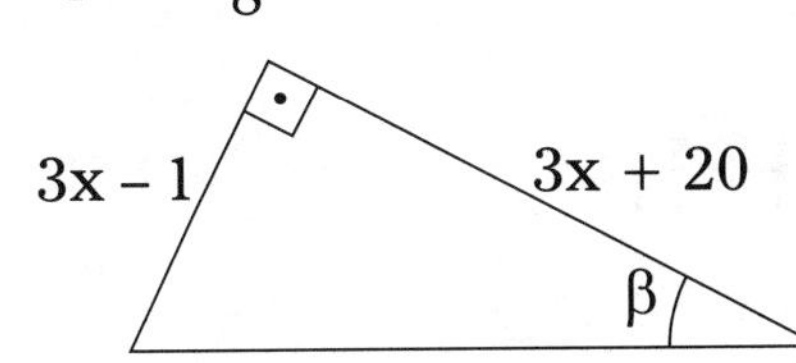

Resp: **172** a) 6 b) 10 c) 5 d) $2\sqrt{5}$ e) 30 f) $8\sqrt{2}$ g) 9 h) $\frac{1}{3}$ i) $\frac{1}{9}$ j) 4 k) 2,4 l) 7

173 a) 12 b) 3 c) 16

174 a) $x = 2\sqrt{6}$, $a = 2\sqrt{10}$, $b = 2\sqrt{15}$ b) $a = 3\sqrt{3}$, $b = 2\sqrt{3}$, $c = \sqrt{30}$ c) $x = 3$, $b = 3\sqrt{2}$, $c = 3\sqrt{6}$ d) $x = 12$, $a = 3$, $b = 9$, $c = 3\sqrt{3}$

182 Determinar o valor de x, nos casos:

a) $\text{sen}\,\alpha = \frac{2}{3}$

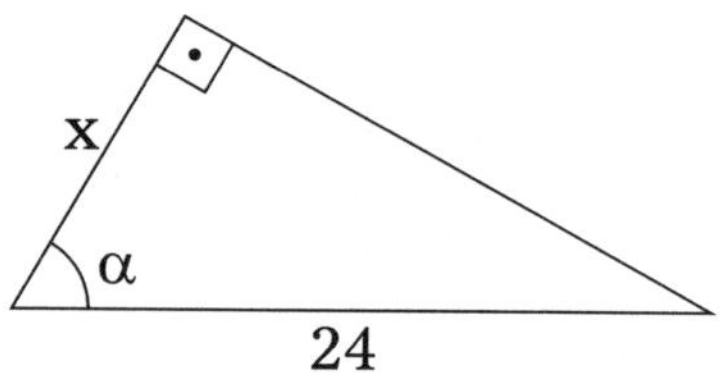

b) $\text{tg}\,\alpha = \frac{2\sqrt{5}}{5}$

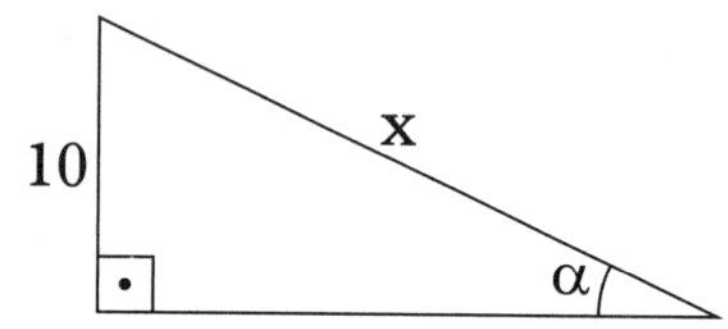

c) $\cos\beta = \frac{2\sqrt{2}}{7}$

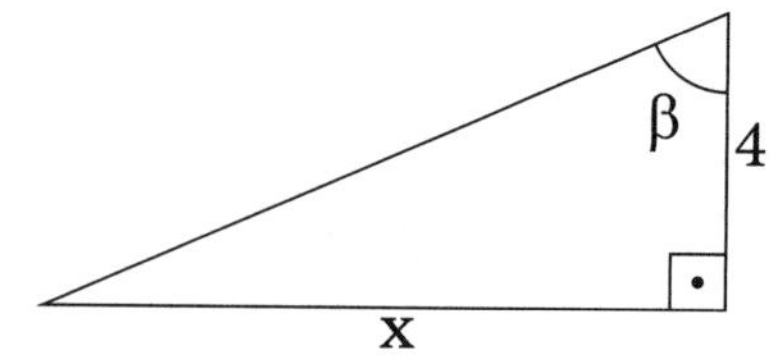

183 Determinar as incógnitas, nos casos:

a) $\text{sen}\,\beta = \frac{3}{4}$

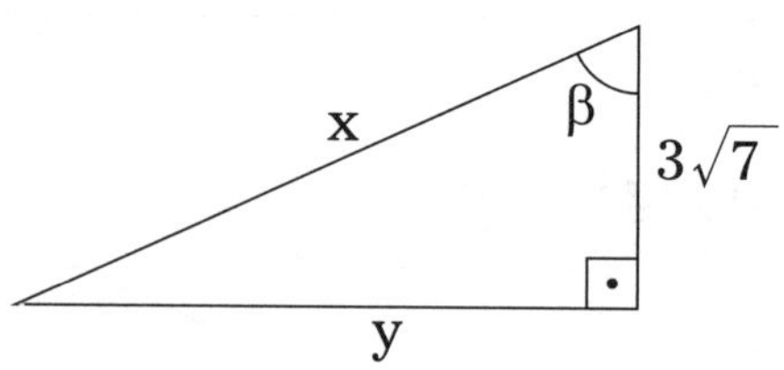

b) $\cos\alpha = \frac{4}{5}$

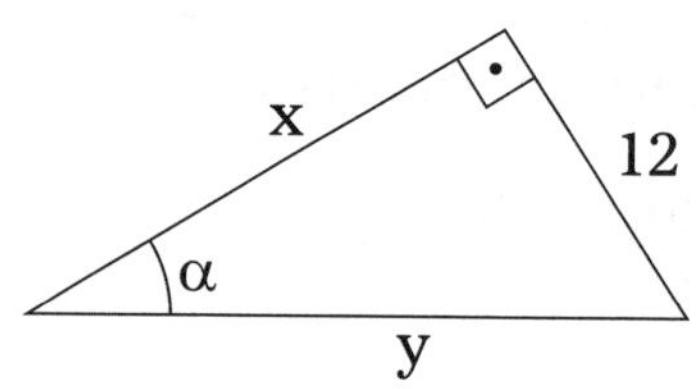

c) $\text{tg}\,\gamma = \frac{1}{2}$

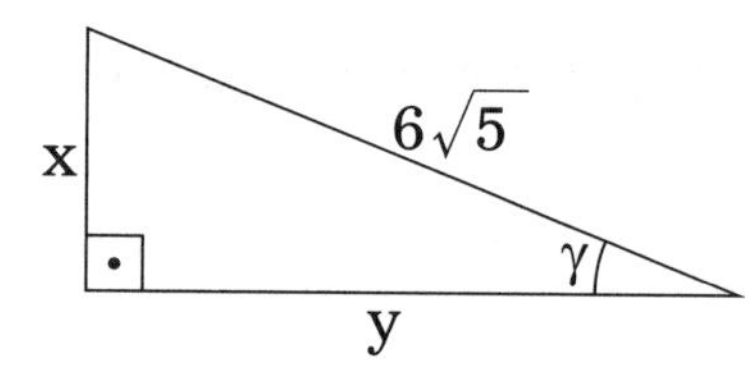

184 Se α é a medida em graus de um ângulo agudo, determinar α , nos casos:

a) $\text{sen}\,\alpha = \frac{1}{2}$	b) $\cos\alpha = \frac{\sqrt{2}}{2}$	c) $\text{tg}\,\alpha = \sqrt{3}$
d) $\cos\alpha = \frac{1}{2}$	e) $\text{sen}\,\alpha = \frac{\sqrt{3}}{2}$	f) $\text{sen}\,\alpha = \frac{\sqrt{2}}{2}$
g) $\cos\alpha = \frac{\sqrt{3}}{2}$	h) $\text{tg}\,\alpha = 1$	i) $\text{tg}\,\alpha = \frac{\sqrt{3}}{3}$

185 Escrevendo primeiramente a razão trigonométrica adequada, determinar o valor de x, nos casos:

a)

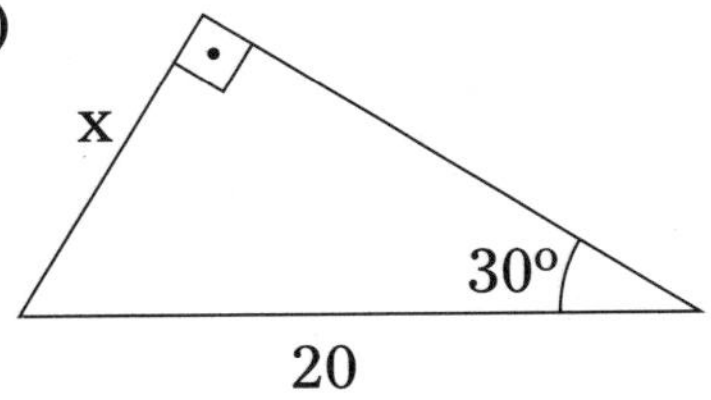

b)

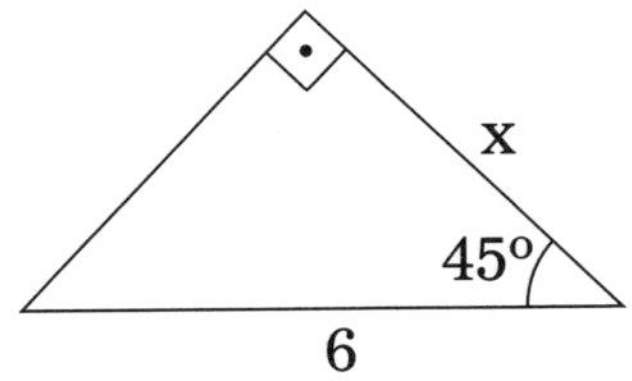

c)

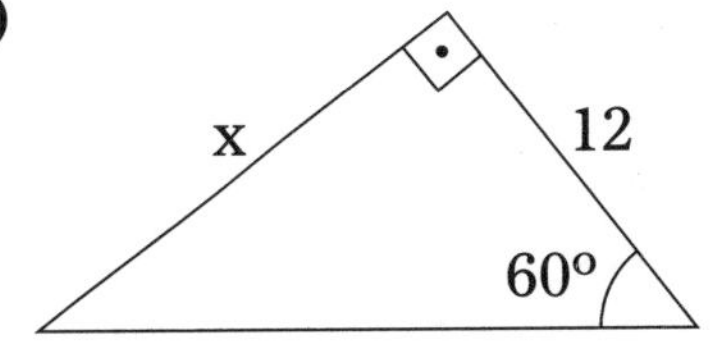

d)

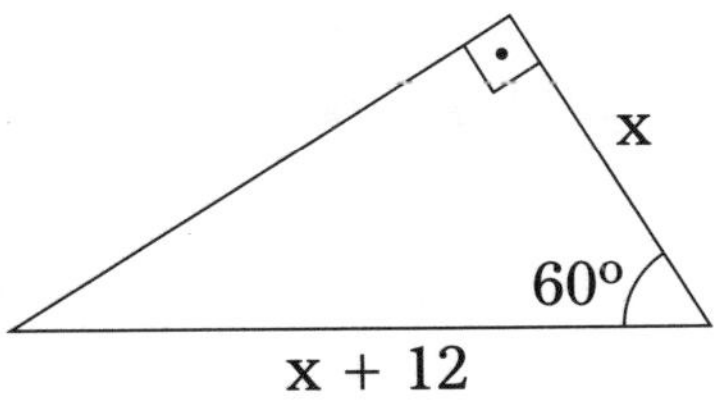

e)

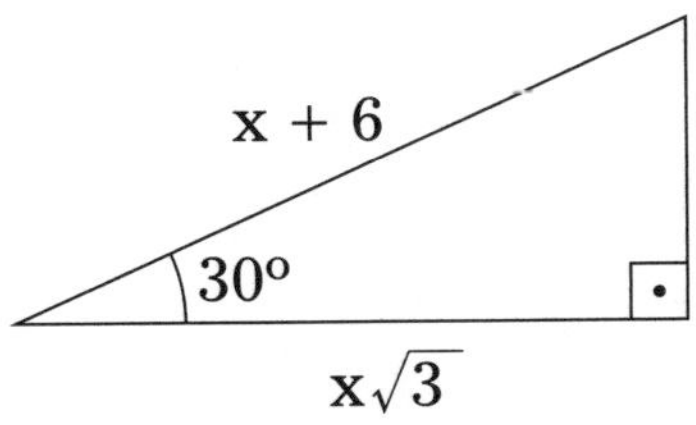

f)

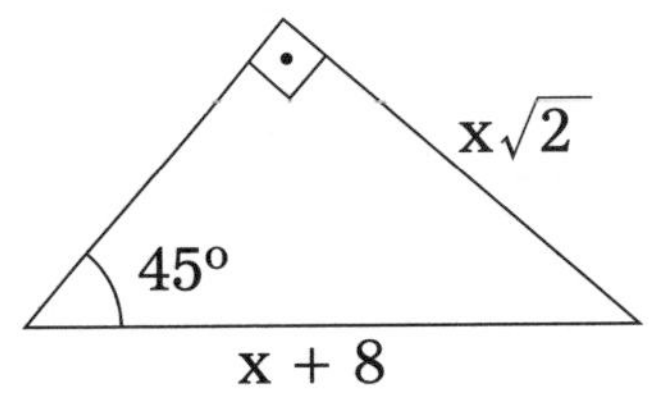

g) Triângulo isósceles

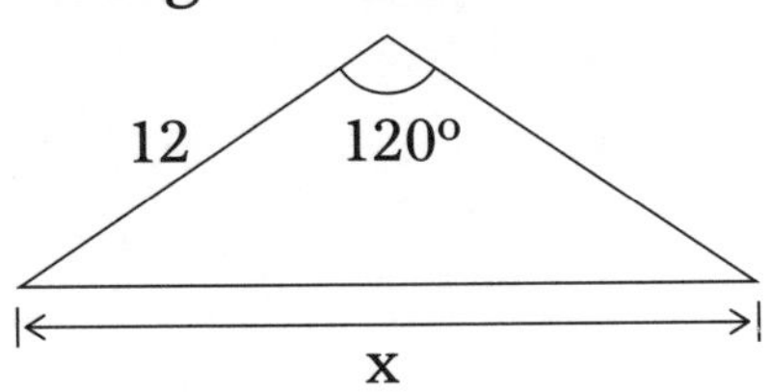

h) Trapézio isósceles

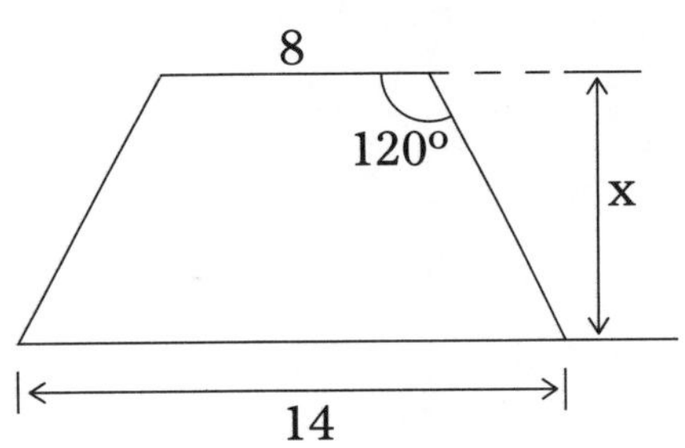

186 Determinar α, nos casos:

a)

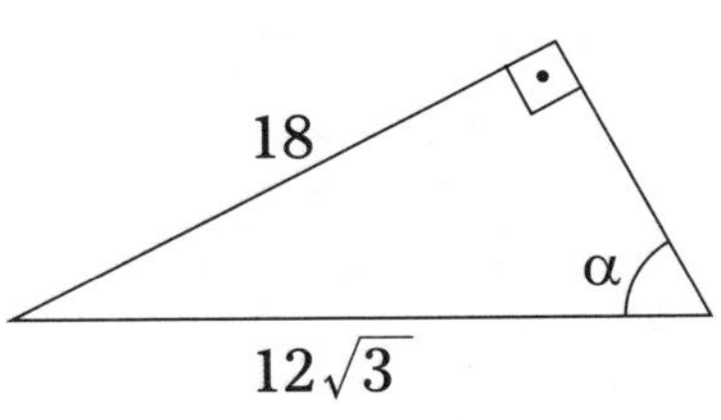

b)

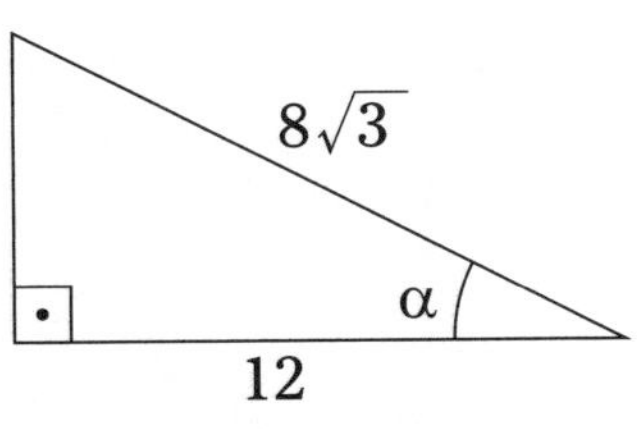

c)

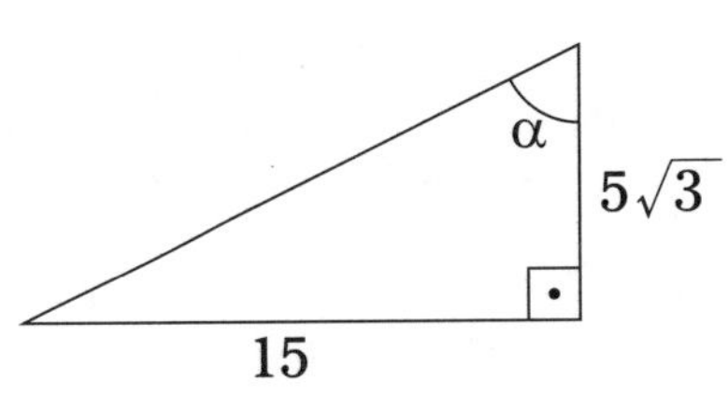

Resp: **175** a) y b) x c) x d) y **176** a) $\frac{c}{a}$ b) $\frac{b}{a}$ c) $\frac{b}{a}$ d) $\frac{c}{a}$ e) $\frac{c}{b}$ f) $\frac{b}{c}$

177 a) $\frac{8}{17}, \frac{8}{17}, \frac{15}{17}, \frac{15}{17}, \frac{8}{15}, \frac{15}{8}$ b) $\frac{5}{13}, \frac{5}{13}, \frac{12}{13}, \frac{12}{13}, \frac{12}{5}, \frac{5}{12}$ c) $\frac{4}{5}, \frac{3}{5}, \frac{3}{5}, \frac{4}{5}, \frac{4}{3}, \frac{3}{4}$

178 $\text{sen}\,\alpha = \frac{\sqrt{7}}{4}$, $\cos\alpha = \frac{3}{4}$ **179** $\text{sen}\,\beta = \frac{3\sqrt{13}}{13}$, $\text{tg}\,\beta = \frac{3}{2}$ **180** $\cos\alpha = \frac{\sqrt{7}}{4}$, $\text{tg}\,\alpha = \frac{3\sqrt{7}}{7}$

181 a) 12 b) 27 c) 15 d) 10 e) 15

Resp: **182** a) $8\sqrt{5}$ b) 15 c) $\sqrt{82}$ **183** a) x=12, y = 9 b) x=16, y = 20 c) x = 6, y = 12

184 a) 30º b) 45º c) 60º d) 60º e) 60º f) 45º g) 30º h) 45º i) 30º

185 a)10 b) $3\sqrt{2}$ c) $12\sqrt{3}$ d) 12 e) 6 f) 8 g) $12\sqrt{3}$ h) $3\sqrt{3}$

186 a) 60º b) 30º c) 60º